Norman G. Finkelstein

Die Holocaust-Industrie

Norman G. Finkelstein

DIE HOLOCAUST-INDUSTRIE

Wie das Leiden der Juden ausgebeutet wird

Aus dem Amerikanischen von Helmut Reuter

Piper
München Zürich

Die englische Originalausgabe erschien 2000
unter dem Titel »The Holocaust Industry«
bei Verso in London.

ISBN 3-492-04316-X
5. Auflage 2001

Satz: Dr. Ulrich Mihr GmbH, Tübingen
Druck und Bindung: Clausen & Bosse, Leck
Printed in Germany

Mir scheint, der Holocaust wird verkauft –
er wird nicht gelehrt.

Rabbi Arnold Jacob Wolf*

* in: Michael Berenbaum, *After Tragedy and Triumph,* Cambridge, 1990, Seite 45. Wolf ist Hillel-Direktor an der Yale University.

Inhalt

Einführung

Dieses Buch ist eine Anatomie der Holocaust-Industrie und zugleich eine Anklage gegen sie. Auf den folgenden Seiten werde ich darlegen, daß DER HOLOCAUST (zur Schreibweise s. Anm. 1) eine von Ideologie geprägte Darstellung der Massenvernichtung der Juden durch die Nazis ist.[1] Wie alle Ideologien ist sie, wenn auch schwach, mit der Wirklichkeit verbunden. DER HOLOCAUST ist kein willkürlich zusammengestelltes, sondern vielmehr ein in sich stimmiges Konstrukt. Seine zentralen Dogmen stützen wichtige politische und Klasseninteressen. Tatsächlich hat DER HOLOCAUST sich als unentbehrliche ideologische Waffe erwiesen. Durch deren Einsatz hat eine der stärksten Militärmächte der Welt mit einer erschreckenden Menschenrechtsbilanz sich in die Rolle eines »Opfer«-Staates versetzt, und ebenso hat die erfolgreichste ethnische Gruppe der Vereinigten Staaten sich einen Opferstatus zugelegt. Aus dieser scheinbar bestechenden Opferrolle erwachsen beträchtliche Dividenden – insbesondere die Immunität gegenüber Kritik, wie berechtigt sie auch sei. Ich könnte hinzufügen, daß jene, die sich dieser Immunität erfreuen, der damit üblicherweise verbundenen moralischen Korrumpierung nicht entkommen sind. Aus dieser Sicht ist Elie Wiesels Auftreten als offizieller Interpret DES HOLOCAUST kein Zufall. Zu dieser Stellung hat ihm nicht sein humanitäres Engagement oder seine literarisches Talent verholfen.[2] Wiesel spielt seine Hauptrolle vielmehr deshalb, weil er unbeirrbar die Dogmen DES HOLOCAUST artikuliert und so die Interessen stützt, die hinter diesem stehen.

Den ersten Anstoß zu diesem Buch erhielt ich von Peter Novicks wegweisender Abhandlung *The Holocaust in American Life,* die ich für eine britische Literaturzeitschrift besprochen hatte.[3] Der kritische Dialog, den ich mit Novick aufgenommen habe, wird auf den folgenden Seiten ausgeweitet; daraus ergeben sich die zahlreichen Hinweise auf seine Untersuchung. *The Holocaust in American Life,* mehr eine Ansammlung provozierender Aperçus als eine fundierte Kritik, steht in der ehrwürdigen amerikanischen Tradition der Enthüllungsstorys. Wie die meisten Verfasser von Enthüllungsstorys konzentriert Novick sich auf die ungeheuerlichsten Mißstände. *The Holocaust in American Life* ist bissig und erfrischend geschrieben, aber keine Kritik, die an die Wurzel geht. Grundlegende Annahmen werden nicht weiter hinterfragt. Das Buch ist weder banal noch ketzerisch; es nimmt beherzt eine Gegenposition zu den gängigen Meinungen des Mainstream ein. Wie vorauszusehen war, fand es in den amerikanischen Medien viel, wenn auch gemischte Beachtung.

Novicks zentrale analytische Kategorie ist »Erinnerung«. Diese »Erinnerung«, derzeit das Objekt der Begeisterung im Elfenbeinturm, ist sicherlich seit langem der armseligste Begriff, der von den akademischen Höhen herabgekommen ist. Mit der obligatorischen Verbeugung vor Maurice Halbwachs möchte Novick vorführen, wie die »Erinnerung an den Holocaust« von »aktuellen Anliegen« geformt wird. Es gab einmal eine Zeit, da verwendeten Intellektuelle mit abweichender Meinung einerseits aussagekräftige politische Kategorien wie »Macht« und »Interessen«, andererseits den Begriff »Ideologie«. Heute ist davon nichts geblieben als die konziliante, entpolitisierte Sprache der »Anliegen« und der »Erinnerung«. Doch die von Novick vorgebrachten Belege zeigen, wie sehr die Erinnerung an den Holocaust ein ideologisches Produkt verhüllter Interessen ist. Die Erinnerung an den Holocaust verdankt sich Novick zufolge zwar einer Auswahl, doch sei diese »häufig« willkürlich. Die Wahl, bringt er vor, erfolge nicht aus einer »Berechnung der Vor- und Nachteile«, sondern »ohne große Gedanken über … die Folgen«.[4] Die Belege legen den umgekehrten Schluß nahe.

Mein ursprüngliches Interesse an dem Thema der Vernichtung der Juden durch die Nazis war persönlich motiviert. Mein Vater wie meine Mutter waren Überlebende des Warschauer Ghettos und der Konzentrationslager der Nazis. Abgesehen von ihnen selbst sind alle Familienmitglieder meiner beiden Eltern von den Nazis ausgelöscht worden. Meine erste Erinnerung an die Massenvernichtung der Juden durch die Nazis ist, wenn ich so sagen darf, der Anblick meiner Mutter, die den Eichmann-Prozeß (1961) wie gebannt im Fernsehen verfolgte, als ich von der Schule nach Hause kam. Obwohl sie erst sechzehn Jahre vor dem Prozeß aus dem

Konzentrationslager befreit worden waren, waren die Eltern, die ich kannte, in meinen Augen immer durch einen unüberbrückbaren Abgrund *davon* getrennt. An der Wand des Wohnzimmers hingen Fotografien der Familie meiner Mutter. (Photos der Familie meines Vaters gingen im Krieg verloren.) Was mich mit meinen Verwandten verband, konnte ich nie ganz begreifen, noch viel weniger konnte ich mir vorstellen, was mit ihnen geschehen war. Es waren die Schwestern, der Bruder und die Eltern meiner Mutter, nicht meine Tanten, mein Onkel oder meine Großeltern. Ich erinnere mich, als Kind John Herseys *The Wall* und Leon Uris *Mila 18* gelesen zu haben, beides waren romanhafte Schilderungen des Warschauer Ghettos. (Ich weiß noch, wie meine Mutter eines Tages klagte, daß sie, versunken in die Lektüre von *The Wall,* auf dem Weg zur Arbeit nicht an ihrer U-Bahnstation ausgestiegen war.) So sehr ich es versuchte, es gelang mir auch nicht für einen Augenblick, in meiner Vorstellung den Sprung zu vollziehen, der meine Eltern in ihrer ganzen Alltäglichkeit mit dieser Vergangenheit in Verbindung gebracht hätte. Ehrlich gesagt, ich kann das noch immer nicht.

Doch es gibt einen wichtigeren Punkt: Abgesehen von dieser Präsenz von Phantomen kann ich mich nicht erinnern, daß die Massenvernichtung der Juden durch die Nazis je in meine Kindheit eindrang. Das lag hauptsächlich daran, daß außerhalb meiner Familie sich niemand dafür zu interessieren schien, was geschehen war. Der Freundeskreis meiner Kindheit las umfassend über die Tagesereignisse und diskutierte leidenschaftlich darüber. Doch ich kann mich ehrlich gesagt an keinen einzigen Freund (oder an Eltern eines Freundes) erinnern, der auch nur einmal gefragt hätte, was meine Mutter und mein Vater durchgemacht hatten. Das war kein respektvolles Schweigen. Es war nichts weiter als Gleichgültigkeit. In diesem Licht kann man die Ergüsse des Grauens in späteren Jahrzehnten, als die Holocaust-Industrie fest etabliert war, nur mit Skepsis betrachten.

Daß die amerikanischen Juden die Massenvernichtung der Juden durch die Nazis »entdeckt« haben, scheint mir manchmal schlimmer als die Tatsache, daß sie in Vergessenheit geraten war. Es ist wahr: Meine Eltern grübelten allein für sich über ihr Leid nach; was sie erlitten hatten, wurde nicht öffentlich bestätigt. Aber war das nicht besser als die derzeitige dreiste Ausbeutung jüdischen Märtyrertums? Ehe aus der Massenvernichtung der Juden DER HOLOCAUST wurde, waren zu dem Thema nur ein paar wissenschaftliche Untersuchungen – zum Beispiel Raul Hilbergs *Die Vernichtung der europäischen Juden* – und Memoiren wie Viktor Frankls *... trotzdem Ja zum Leben sagen* und Ella Lingens-Reiners *Prisoners of Fear* veröffentlicht worden.[5] Doch diese kleine Sammlung von Edelsteinen ist besser als die Regale über Regale mit trivialer Literatur, die nun Bibliotheken und Buchläden füllen.

Obwohl meine Eltern bis zu ihrem Todestag die Vergangenheit jeden Tag aufs neue erlebten, verloren sie gegen Ende ihres Lebens das Interesse an DEM HOLOCAUST als öffentlichem Schauspiel. Einer der lebenslangen Freunde meines Vaters war mit ihm gemeinsam Lagerinsasse in Auschwitz gewesen, ein scheinbar nicht korrumpierbarer Idealist vom linken Flügel, der die deutsche Entschädigungszahlung nach dem Krieg aus Prinzip ablehnte. Am Ende wurde er einer der Leiter der israelischen Holocaust-Gedenkstätte Yad Vashem. Zögernd und mit aufrichtiger Enttäuschung räumte mein Vater schließlich ein, daß selbst dieser Mann von der Holocaust-Industrie korrumpiert worden war und seine Überzeugungen angepaßt hatte an das, was Macht und Gewinn versprach. Als die Darstellung DES HOLOCAUST immer absurdere Formen annahm, zitierte meine Mutter gern (und ironisch) Henry Ford: »Geschichte ist Quatsch.« Die Geschichten der »Überlebenden des Holocaust« – alle waren KZ–Insassen, alle Helden des Widerstands gewesen – bildeten zu Hause eine ganz besondere Quelle der Erheiterung. Vor langer Zeit hat John Stuart Mill erkannt, daß Wahrheiten, die nicht ständig hinterfragt werden, schließlich »nicht länger als Wahrheit wirken, weil sie durch Übertreibung zur Unwahrheit werden«.

Meine Eltern fragten sich oft, weshalb mich Verfälschung und Ausbeutung des Völkermords der Nazis so empörten. Der Hauptgrund ist der: Man hat ihn dazu benutzt, die verwerfliche Politik des israelischen Staates und die amerikanische Unterstützung für diese Politik zu rechtfertigen. Doch es gibt auch ein persönliches Motiv. Ich sorge mich um das Andenken an die Verfolgung meiner Familie. Die laufende Kampagne der Holocaust-Industrie, mit der im Namen »bedürftiger Opfer des Holocaust« Geld von Europa erpreßt werden soll, hat das moralische Format ihres Martyriums reduziert auf einen Einsatz im Casino von Monte Carlo.

Doch auch abgesehen von dieser Besorgnis: Wir sollten die Integrität der historischen Überlieferung bewahren, ja, für sie kämpfen. Wie ich auf den letzten Seiten dieses Buches vorschlage, können wir durch das Studium der Massenvernichtung der Juden durch die Nazis nicht nur etwas über »die Deutschen« oder »die Nichtjuden« erfahren, sondern über uns alle. Wenn wir jedoch wirklich etwas aus der Massenvernichtung der Juden *lernen* wollen, so muß, wie ich glaube, deren physische Dimension verkleinert und die moralische Dimension vergrößert werden. Zu viele öffentliche und private Mittel sind für das Gedenken an den Völkermord der Nazis eingesetzt worden. Was dabei herauskommt, ist zumeist wertlos; es ist nicht dem Leiden der Juden gewidmet, sondern dient ihrer Erhöhung. Es ist schon seit langer Zeit überfällig, daß wir unser Herz für das Leiden der übrigen Menschheit öffnen. Das war die wichtigste Lektion, die mir meine Mutter auf den Weg gab. Niemals hörte ich sie sagen: Du sollst nicht vergleichen. Meine Mutter stellte *immer* Vergleiche an. Zweifellos muß man historische Unterschiede machen. Doch wenn man moralisch zwischen »unseren« und den Leiden »jener« unterscheidet, ist das selbst eine moralische Farce. »Man kann zwei Menschen im Elend nicht vergleichen«, erklärte Plato, »und behaupten, der eine sei glücklicher als der andere.« Angesichts der Leiden der Afro-Amerikaner, Vietnamesen und Palästinenser lautete das Credo meiner Mutter stets: Wir sind alle Holocaust-Opfer.

New York, April 2000
Norman G. Finkelstein

1. Kapitel

Wie aus dem Holocaust Kapital geschlagen wird

Im Zuge eines denkwürdigen Meinungsaustauschs, der ein paar Jahre zurückliegt, warf Gore Vidal Norman Podhoretz, dem damaligen Herausgeber von *Commentary,* dem Publikationsorgan des American Jewish Committee, vor, er sei unamerikanisch.[1] Als Beleg führte er an, daß Podhoretz dem amerikanischen Bürgerkrieg – »dem großen tragischen Ereignis, das in unserer Republik bis auf den heutigen Tag nachklingt« – weniger Bedeutung zumesse als jüdischen Anliegen. Doch damit war Podhoretz vielleicht amerikanischer als sein Ankläger. Denn es ist der »Krieg gegen die Juden« und nicht der »Krieg zwischen den [amerikanischen] Staaten«, der im Kulturleben Amerikas eine größere Rolle spielt. Die meisten Hochschulprofessoren können bezeugen, daß weit mehr Studenten die Massenvernichtung der Juden durch die Nazis dem richtigen Jahrhundert zuordnen und im allgemeinen die korrekte Zahl der Getöteten nennen können, als das für den Bürgerkrieg der Fall ist. Tatsächlich ist die Massenvernichtung der Juden durch die Nazis schon fast der einzige historische Bezug, der heutzutage in einer Lehrveranstaltung der Universität anklingt. Umfragen zufolge können mehr Amerikaner den Holocaust einordnen als den Angriff auf Pearl Harbor oder die Atombomben auf Japan.

Es ist jedoch noch nicht so lange her, daß die Massenvernichtung der Juden durch die Nazis im Leben Amerikas kaum eine Rolle spielte. Zwischen dem Ende des Zweiten Weltkriegs und den späten sechziger Jahren rührten nur eine Handvoll Bücher und Filme an das Thema. In den USA wurde nur ein Hochschulseminar zu diesem Gegenstand angeboten.[2] Als Hannah Arendt 1963 *Eichmann in Jerusalem* veröffentlichte, konnte sie sich nur auf zwei wissenschaftliche Untersuchungen in englischer Sprache beziehen – Gerald Reitlingers *Die Endlösung* und Raul Hilbergs *Die Vernichtung der europäischen Juden*.[3] Hilbergs Meisterwerk schaffte es nur knapp, das Licht der Welt zu erblicken. Sein Doktorvater an der Columbia University, der deutsch-jüdische Sozialtheoretiker Franz Neumann, riet ihm dringend ab, über das Thema zu schreiben (»Das wird Ihre Beerdigung«), und kein Herausgeber eines Universitäts- oder eines Publikumsverlags wollte mit dem vollendeten Manuskript zu tun haben. Als *Die Vernichtung der europäischen Juden* schließlich veröffentlicht wurde, erhielt es nur wenige, zumeist kritische Besprechungen.[4]

Nicht nur die Amerikaner im allgemeinen, sondern auch die jüdischen Intellektuellen schenkten der »Massenvernichtung« der Juden durch die Nazis wenig Beachtung. In einer maßgeblichen Untersuchung von 1957 berichtete der Soziologe Nathan Glazer, daß die Endlösung der Nazis (wie auch der Staat Israel) »bemerkenswert geringe Auswirkungen auf das Seelenleben der amerikanischen Juden hatte«. Bei einem Symposium zum Thema »Judentum und die jüngeren Intellektuellen«, das die Zeitschrift *Commentary* 1961 veranstaltete, betonten nur zwei von einunddreißig Rednern ihre Bedeutung. In einer Gesprächsrunde zum Thema »Mein jüdisches Selbstverständnis«, zu der die Zeitschrift *Judaism* im Jahr 1961 einundzwanzig gläubige Juden eingeladen hatte, wurde das Thema ebenfalls fast vollständig außer Acht gelassen.[5] In den Vereinigten Staaten gab es keine Denkmäler oder Gedenkfeiern, um angesichts der Massenvernichtung der Juden durch die Nazis ein Zeichen zu setzen. Im Gegenteil, wichtige jüdische Organisationen widersetzten sich einem solchen Gedenken. Es fragt sich nur, warum?

Der gängigen Erklärung zufolge waren die Juden wegen der Massenvernichtung durch die Nazis traumatisiert, weshalb sie die Erinnerung daran unterdrückten. Doch in Wahrheit gibt es keinen Beleg, der diesen Schluß stützen würde. Zweifellos wollten manche Überlebende damals (und auch in späteren Jahren) nicht über das sprechen, was geschehen war. Viele andere jedoch wünschten sich sehr, darüber zu reden, und wollten, sobald sich eine Gelegenheit ergab, gar nicht mehr damit aufhören.[6] Das Problem lag darin, daß die Amerikaner nicht zuhören wollten.

Der wahre Grund für das öffentliche Schweigen über die Vernichtung durch die Nazis liegt in der konformistischen Politik der Führung der amerikanischen Juden und im politischen Klima im Amerika der Nachkriegszeit. In innen- wie außenpolitischen Angelegenheiten gingen die jüdischen Eliten[7] Amerikas konform mit der offiziellen Politik der USA. Das machte es leichter, die überlieferten Ziele wie Assimilation und Zugang zur Macht zu erreichen. Mit Beginn des Kalten Krieges stürzten die Organisationen des jüdischen Mainstream sich in den Kampf. Die jüdischen Eliten Amerikas »vergaßen« die Massenvernichtung der Juden durch die Nazis, weil Deutschland – seit 1949 Westdeutschland – zu einem entscheidenden Nachkriegsverbündeten der Amerikaner in der Konfrontation der USA mit der UdSSR wurde. Es brachte nichts ein, die Vergangenheit ans Licht zu zerren; tatsächlich wurde dadurch alles komplizierter.

Mit kleineren Vorbehalten (die man rasch fallenließ) stimmten die wichtigsten Organisationen der amerikanischen Juden schnell der Unterstützung eines wiederbewaffneten und kaum entnazifizierten Deutschland durch die USA zu. Weil man befürchtete, daß »jede organisierte Opposition amerikanischer Juden gegen die neue Außenpolitik und gegen den veränderten strategischen Ansatz sie in den Augen der nichtjüdischen Mehrheit isolieren und ihre Nachkriegserrungenschaften im Inland gefährden könnte«, predigte das American Jewish Committee (AJC) als erste Organisation die Vorzüge dieser Wiedereingliederung. Der pro-zionistische Jüdische Weltkongreß (World Jewish Congress, WJC) und seine amerikanische Dependance ließen ihren Widerstand fallen, nachdem Anfang der fünfziger Jahre mit Deutschland eine Übereinkunft über Entschädigungszahlungen unterzeichnet worden war, während die Anti-Defamation League (ADL, Anti-Diffamierungsliga; Anm. d. Ü.) 1954 als erste wichtige jüdische Organisation eine offizielle Delegation nach Deutschland entsandte. Gemeinsam mit der Bonner Regierung arbeiteten diese Organisationen daran, die unter den Juden verbreitete »antideutsche Welle« einzudämmen.[8]

Noch aus einem anderen Grund war die »Endlösung« für die jüdischen Eliten Amerikas ein Tabu. Politisch links stehende Juden, die gegen das durch den Kalten Krieg bedingte Arrangement mit Deutschland gegen die Sowjetunion waren, hörten nicht auf, darauf herumzureiten. Das Andenken an die Massenvernichtung der Juden durch die Nazis wurde deshalb als kommunistische Angelegenheit abgestempelt. Behaftet mit dem Klischee, das Juden mit Linken gleichsetzt – in der Tat stammte 1948 ein Drittel der Stimmen für den fortschrittlichen Präsidentschaftskandidaten Henry Wallace von jüdischen Wählern –, schreckten die jüdischen Eliten Amerikas nicht davor zurück, jüdische Mitbürger auf dem Altar des Antikommunismus zu opfern. Indem das AJC und die ADL ihre Unterlagen über angebliche jüdische Umstürzler den Behörden zur Verfügung stellten, beteiligten sie sich aktiv an der Hexenjagd der McCarthy-Ära. Das AJC billigte die Todesurteile gegen die Rosenbergs[8a], während seine Monatszeitschrift *Commentary* in einem Leitartikel erklärte, diese seien nicht *wirklich* Juden.

Aus Angst, mit der politischen Linken im In- und Ausland in Verbindung gebracht zu werden, lehnten es die konformistischen jüdischen Organisationen ab, mit Nazi-Gegnern aus der deutschen Sozialdemokratie zusammenzuarbeiten; ebenso lehnten sie den Boykott deutscher Hersteller ab und beteiligten sich nicht an öffentlichen Demonstrationen gegen Ex-Nazis, die durch die USA reisten. Andererseits mußten bekannte deutsche Dissidenten wie der protestantische Pastor Martin Niemöller, der acht Jahre in den Konzentrationslagern der Nazis verbracht hatte und sich nun gegen den antikommunistischen Kreuzzug aussprach, beim Besuch der USA Schmähungen der führenden amerikanischen Juden über sich ergehen lassen. Bemüht, um antikommunistische Referenzen, schrieben sich jüdische Eliten sogar bei extremistischen Organisationen des rechten Flügels wie der All American Conference to Combat Communism ein und unterstützten sie finanziell; überdies stellten sie sich blind, als Veteranen der SS ins Land kamen.[9]

Darauf bedacht, sich bei den herrschenden Eliten der USA einzuschmeicheln und von der jüdischen Linken abzusetzen, griffen die amerikanischen Juden die Massenvernichtung der Juden durch die Nazis nur in einem bestimmten Zusammenhang auf, nämlich um die UdSSR zu brandmarken. »Die [antijüdische] Politik der Sowjets eröffnet Möglichkeiten, die nicht übersehen werden dürfen«, bemerkte ein von Novick zitiertes internes Memorandum des AJC hämisch, »um bestimmte Aspekte des innenpolitischen Programms des AJC zu stärken.« Bezeichnenderweise lief das darauf hinaus, die »Endlösung« der Nazis mit dem Antisemitismus der Russen zu verklammern. »Stalin wird Erfolg haben, wo Hitler gescheitert ist«, lautete die düstere Prophezeiung des *Commentary*. »Er wird die Juden schließlich aus Mittel- und Osteuropa jagen... Die Parallele zur Vernichtungspolitik der Nazis ist fast vollständig.« Bedeutende jüdische Organisationen Amerikas prangerten sogar den sowjetischen Einmarsch in Ungarn von 1956 an als »nur die erste Station auf dem Weg zu einem russischen Auschwitz«.[10]

Mit dem arabisch-israelischen Junikrieg von 1967 wurde alles anders. Praktisch allen Berichten zufolge wurde DER HOLOCAUST erst nach diesem Konflikt zu einem festen Bestandteil des jüdischen Lebens in Amerika.[11] Als gängige Erklärung für diesen Wandel gilt, daß Israels extreme Isolation und Verwundbarkeit während des Junikriegs die Erinnerung an die Vernichtung durch die Nazis wachrief. In Wahrheit wird diese Analyse weder den Gegebenheiten der Machtbalance im Mittleren Osten zu jener Zeit noch der Art der sich entwickelnden Beziehung zwischen den jüdischen Eliten Amerikas und dem Staat Israel gerecht.

So, wie die amerikanischen Mainstream-Organisationen der Juden die Massenvernichtung der Juden durch die Nazis in den Jahren nach dem Krieg herunterspielten, um sich den Prioritäten der US-Regierung im Kalten Krieg anzupassen, blieb auch ihre Haltung gegenüber Israel mit der Politik der USA im Gleichschritt. Seit den frühesten Anfängen hegten die jüdischen Eliten Amerikas grundlegende Bedenken gegen einen jüdischen Staat. An erster Stelle stand ihre Angst, er würde dem Vorwurf einer »doppelten Loyalität« Glaubwürdigkeit verleihen. Als der Kalte Krieg sich zuspitzte, verstärkten sich diese Befürchtungen. Schon vor der Gründung des Staates Israel brachten Führer der amerikanischen Juden die Besorgnis zum Ausdruck, seine weitgehend osteuropäische, linksgerichtete Führungsriege würde sich dem Lager der Sowjets anschließen. Auch wenn sie am Ende die von den Zionisten angeführte Kampagne für die Staatsgründung zu ihrer eigenen Sache machten, achteten die Organisationen der amerikanischen Juden genau auf die Signale aus Washington und paßten sich ihnen an. Tatsächlich unterstützte das AJC die Gründung Israels vor allem aus der Angst heraus, es könne für die Juden zu einem innenpolitischen Rückschlag führen, wenn die in Europa verschleppten Juden nicht rasch angesiedelt würden.[12] Obwohl Israel sich bald nach der Staatsgründung dem Westen anschloß, behielten viele Israelis innerhalb und außerhalb der Regierung eine starke Zuneigung zur Sowjetunion; die Führer der amerikanischen Juden hielten Israel, wie vorauszusehen gewesen war, auf Abstand.

Von seiner Gründung im Jahre 1948 bis zum Junikrieg von 1967 spielte Israel in der strategischen Planung Amerikas keine entscheidende Rolle. Als die Führung der Juden Palästinas die Ausrufung des Staates Israel vorbereitete, war Präsident Truman unschlüssig und wog innenpolitische Gesichtspunkte (die jüdischen Wählerstimmen) gegen die Warnungen des Außenministeriums ab (die Unterstützung eines jüdischen Staates würde die arabische Welt auf Distanz gehen lassen).

Um die Interessen der USA im Mittleren Osten zu wahren, balancierte die Regierung Eisenhower die Unterstützung für Israel und die arabischen Länder aus, wobei sie jedoch die Araber begünstigte.

Immer wieder aufbrechende Konflikte der Israelis mit den USA über politische Fragen gipfelten in der Suezkrise von 1956, als Israel mit Großbritannien und Frankreich gemeinsame Sache machte, um Gamal Abd el Nasser, den nationalistischen Führer Ägyptens, anzugreifen. Obwohl Israels schneller Sieg und die Annexion der Sinai-Halbinsel die allgemeine Aufmerksamkeit auf sein strategisches Potential lenkten, wurde es von den USA weiterhin nur als einer von mehreren regionalen Interessenschwerpunkten geführt. Dementsprechend erzwang Präsident Eisenhower den vollständigen und praktisch bedingungslosen Abzug Israels von der Sinai-Halbinsel. Während der Krise unterstützten die Führer der amerikanischen Juden für kurze Zeit die Anstrengungen Israels, den Amerikanern Zugeständnisse abzuringen, doch zuletzt, so erinnert sich Arthur Hertzberg, »zogen sie es vor, Israel zu empfehlen, lieber [auf Eisenhower] zu hören, anstatt sich den Wünschen des Präsidenten der Vereinigten Staaten zu widersetzen«.[13]

Außer als Objekt gelegentlicher Nächstenliebe verschwand Israel bald nach der Gründung des Staates aus dem Blickfeld des jüdischen Lebens in Amerika. Für die amerikanischen Juden war Israel in der Tat nicht von Bedeutung. In seiner Untersuchung von 1957 berichtete Nathan Glazer, daß Israel »bemerkenswert wenig Auswirkungen auf das Innenleben der amerikanischen

Juden hatte«.[14] Die Zahl der Mitglieder in der *Zionist Organization of America* fiel von mehreren Hunderttausend im Jahre 1948 auf mehrere Zehntausend in den sechziger Jahren. Vor dem Juni 1967 machte sich nur einer von 20 amerikanischen Juden die Mühe, Israel zu besuchen. Bei Eisenhowers Wiederwahl im Jahre 1956, die stattfand, nachdem er unmittelbar zuvor Israel zu seinem demütigenden Rückzug von der Sinai-Halbinsel gezwungen hatte, wuchs die schon beträchtliche Unterstützung der Juden für den Präsidenten weiter an. Zu Beginn der sechziger Jahre bezog Israel wegen der Eichmann-Entführung sogar Prügel von einem Teil der Meinungsführer der jüdischen Elite, zum Beispiel von Joseph Proskauer, dem früheren Vorsitzenden des AJC, von dem Harvard-Historiker Oskar Handlin und der in jüdischem Besitz befindlichen *Washington Post.* »Die Entführung Eichmanns«, meinte Erich Fromm, »ist ein Akt der Gesetzlosigkeit von genau der Art, deren sich auch die Nazis ... schuldig gemacht haben.«[15]

Die jüdischen Intellektuellen Amerikas erwiesen sich quer durch das politische Spektrum als besonders gleichgültig gegenüber dem Schicksal Israels. In detaillierten Untersuchungen über die linksliberale jüdische Intellektuellenszene während der sechziger Jahre wird Israel kaum erwähnt.[16] Unmittelbar vor dem Junikrieg veranstaltete das AJC ein Symposium zur »Jüdischen Identität hier und heute«. Lediglich drei der einunddreißig »besten Köpfe der jüdischen Gemeinde« erwähnten Israel überhaupt; zwei von ihnen jedoch nur, um seine Bedeutung abzuwerten.[17] Bezeichnende Ironie: Die einzigen beiden in der Öffentlichkeit stehenden jüdischen

Intellektuellen, die vor dem Juni 1967 eine Verbindung zu Israel geknüpft hatten, waren ausgerechnet Hannah Arendt und Noam Chomsky.[18]

Dann kam der Juni-Krieg. Die USA waren von Israels überwältigender Demonstration der Stärke beeindruckt und gingen dazu über, es sich als strategischen Besitz einzuverleiben. (Schon vor dem Juni-Krieg waren die USA vorsichtig zu Israel umgeschwenkt, als die Regimes von Ägypten und Syrien Mitte der sechziger Jahre einen zunehmend unabhängigeren Kurs einschlugen.) Militärische und wirtschaftliche Hilfe begann zu fließen, als Israel sich in einen Stellvertreter amerikanischer Macht im Mittleren Osten verwandelte.

Für die jüdischen Eliten Amerikas war Israels Unterordnung unter die Macht der USA ein gefundenes Fressen. Der Zionismus war aus der Prämisse entstanden, daß Assimilation ein Hirngespinst sei, daß Juden immer als potentiell illoyale Fremdlinge angesehen würden. Um diesen Zwiespalt aufzulösen, waren die Zionisten bestrebt, eine Heimat für die Juden zu schaffen. In der Tat wurde das Problem durch die Gründung Israels zugespitzt, jedenfalls für die Juden in der Diaspora – der Vorwurf der doppelten Loyalität erhielt damit eine institutionalisierte Ausprägung. Paradoxerweise *erleichterte* die Existenz Israels nach 1967 die Assimilation in den Vereinigten Staaten: Jetzt standen Juden an der Front und verteidigten Amerika – eigentlich die »westliche Kultur« – gegen die rückständigen arabischen Horden. Während Israel vor 1967 das Schreckgespenst einer doppelten Loyalität verkörperte, suggerierte es jetzt eine Super-Loyalität. Schließlich waren es nicht Amerikaner, sondern Israelis, die kämpften und starben, um die Interessen der USA zu schützen. Und anders als die amerikanischen GIs in Vietnam wurden die israelischen Kämpfer nicht von Emporkömmlingen aus der Dritten Welt gedemütigt.[19]

Dementsprechend entdeckten die jüdischen Eliten Amerikas plötzlich Israel. Nach dem Krieg von 1967 konnte Israels militärischer Elan gefeiert werden, weil seine Gewehre in die richtige Richtung zeigten – auf die Feinde Amerikas. Seine militärische Potenz konnte vielleicht sogar den Eintritt in die inneren Zirkel der amerikanischen Macht erleichtern. Konnten die jüdischen Eliten zuvor nur ein paar Listen mit jüdischen Umstürzlern bieten, so spielten sie jetzt die Rolle der natürlichen Gesprächspartner für Amerikas neuesten strategischen Besitz. Von Nebendarstellern konnten sie plötzlich zu Mitspielern ganz oben auf der Besetzungsliste im Drama des Kalten Krieges avancieren. Israel wurde für die amerikanischen Juden ebenso zum strategischen Besitz wie für die Vereinigten Staaten.

In einer Kurzbiographie, die unmittelbar vor dem Juni-Krieg veröffentlicht wurde, erinnerte Norman Podhoretz sich leichtsinnigerweise daran, an einem Staatsdinner im Weißen Haus teilgenommen zu haben, »wo nicht einer unter den Teilnehmern war, der nicht sichtlich und vollkommen außer sich vor Freude gewesen wäre, dort dabei zu sein.«[20] Obwohl er schon Herausgeber von *Commentary,* der führenden jüdischen Zeitschrift in Amerika, war, enthalten seine Erinnerungen nur eine flüchtige Anspielung auf Israel. Was konnte Israel einem ehrgeizigen Juden bieten? In einem späteren Memoirenband erinnerte Podhoretz sich daran, daß Israel nach dem Krieg von 1967 »zur Religion der amerikanischen Juden« wurde.[21] Als prominenter Unterstützer Israels, der er nun war, konnte Podhoretz sich nicht nur rühmen, an einem Dinner im Weißen Haus teilgenommen, sondern sogar, sich persönlich mit dem Präsidenten getroffen zu haben, um über die Interessen der Nation zu verhandeln.

Nach dem Juni-Krieg arbeiteten die jüdischen Mainstream-Organisationen Amerikas unablässig daran, die amerikanisch-israelische Allianz zu festigen. Im Fall der ADL schloß das eine weitreichende Überwachungsoperation im Inland mit Verbindungen zum israelischen und südafrikanischen Geheimdienst ein.[22] In der *New York Times* nahm die Berichterstattung zum Thema Israel nach dem Juni 1967 auffällig zu. Im *New York Times Index* belegten die Israel betreffenden Einträge 1955 und 1965 jeweils 60 Inches Spaltenlänge. Der Eintrag zu Israel für das Jahr 1975 belief sich auf 260 Inches Spaltenlänge. »Wenn ich mich besser fühlen will«, sinnierte Wiesel 1973, »wende ich mich den Israel-Artikeln in der *New York Times* zu.«[23] Wie Podhoretz fanden auch viele amerikanisch-jüdische Mainstream-Intellektuelle plötzlich zur »Religion«. Novick berichtet, daß Lucy Dawidowicz, die Nestorin der Holocaust-Literatur, einst eine »scharfe Kritikerin Israels« gewesen sei. Israel könne von Deutschland keine Wiedergutmachung verlangen, während es die Verantwortung für die vertriebenen Palästinenser scheue, haderte sie 1953: »Moral kann nicht so biegsam sein.« Doch fast unmittelbar nach dem Juni-Krieg wurde Dawidowicz zu einer »glühenden Verteidigerin Israels«, das sie zum »gemeinsamen Paradigma für das Idealbild des Juden in der modernen Welt« ausrief.[24]

Eine beliebte Pose der nach 1967 als Zionisten Wiedergeborenen bestand darin, ihre eigene freimütig geäußerte Unterstützung für ein vermeintlich belagertes Israel gegen die Feigheit der amerikanischen Juden während des Holocaust auszuspielen. In Wahrheit taten sie genau das, was die jüdischen Eliten Amerikas immer getan hatten: Sie marschierten im Gleichschritt mit der Macht in Amerika. Die gebildeten Stände erwiesen sich als besonders geschickt für eindrucksvolle heroische Posen. Man denke an den bekannten linksliberalen Gesellschaftskritiker Irving Howe. 1956 verdammte die von Howe herausgegebene Zeitschrift *Dissent* den »gemeinsamen Angriff auf Ägypten« als »unmoralisch«. Obwohl Israel wahrhaft allein dastand, wurde es auch noch für »Kulturchauvinismus«, einen »quasimessianischen Sinn für die vorgegebene Bestimmung« und eine »expansionistische Unterströmung« ins Gebet genommen.[25] Nach dem Oktober-Krieg von 1973, als Amerikas Hilfe für Israel ihren Höhepunkt erreichte, veröffentlichte Howe eine persönliche Denkschrift, »erfüllt von großer Angst«, zur Verteidigung des isolierten Israel. Die Welt der Nichtjuden, lamentierte er in einer an Woody Allen heranreichenden Parodie, sei von Antisemitismus überflutet. Selbst in Upper Manhattan, klagte er, sei »Israel nicht mehr schick«: Jeder außer ihm selbst sei angeblich von Mao, Frantz Fanon und Che Guevara in den Bann geschlagen.[26]

Als strategischem Aktivposten Amerikas blieb Israel

Kritik nicht erspart. Abgesehen davon, daß es zunehmend internationalen Tadel hinnehmen mußte, weil es sich weigerte, mit den Arabern ein Abkommen auszuhandeln, das den Resolutionen der Vereinten Nationen gerecht wurde, und weil es die globalen Ambitionen Amerikas so trotzig unterstützte,[27] mußte Israel auch mit abweichenden Meinungen in den USA fertigwerden. In den tonangebenden Kreisen Amerikas bestanden sogenannte Arabisten darauf, man untergrabe die nationalen Interessen der USA, wenn man alle Eier in den israelischen Korb lege und gleichzeitig die arabischen Eliten nicht zur Kenntnis nehme.

Andere wandten ein, die Unterordnung unter die Macht der USA und die Besetzung benachbarter arabischer Staaten seien nicht nur prinzipiell falsch, sondern würden auch Israels eigenen Interessen schaden. Der Staat würde so zunehmend militarisiert und der arabischen Welt entfremdet. Für die neuen jüdischen »Unterstützer« Israels in Amerika grenzte solches Gerede an Ketzerei: Ein unabhängiges Israel in Frieden mit seinen Nachbarn sei wertlos; ein Israel, das sich an den Strömungen in der arabischen Welt orientierte, die nach Unabhängigkeit von den USA strebten, sei eine Katastrophe. Nur ein israelisches Sparta, das der amerikanischen Macht verpflichtet war, kam in Frage, denn nur dann konnten die jüdischen Führer in den USA als Sprecher für die imperialistischen Ambitionen Amerikas auftreten. Wie Noam Chomsky vorgeschlagen hat, sollten diese »Unterstützer Israels« zutreffender als »Unterstützer des moralischen Abstiegs und der endgültigen Zerstörung Israels« bezeichnet werden.[28]

Um ihren strategischen Besitz zu schützen, »erinnerten« die jüdischen Eliten Amerikas sich an DEN HOLOCAUST.[29] Üblicherweise wird berichtet, sie hätten das getan, weil sie zur Zeit des Juni-Kriegs geglaubt hätten, Israel schwebe in tödlicher Gefahr, weshalb sie von Ängsten vor einem zweiten Holocaust ergriffen worden seien. Diese Behauptung hält einer näheren Überprüfung nicht stand.

Man sehe sich den ersten arabisch-israelischen Krieg an. 1948, am Vorabend der Unabhängigkeit, schien die Gefahr für die Juden Palästinas weit bedrohlicher zu sein. David Ben-Gurion erklärte, »700 000 Juden« hätten es gegen »27 Millionen Araber aufgenommen – einer gegen vierzig«. Die Vereinigten Staaten schlossen sich einem von der UNO über die Region verhängten Waffenembargo an, womit sie einen klaren Bewaffnungsvorteil der arabischen Armeen verstärkten. Ängste vor einer weiteren Nazi-»Endlösung« trieben die Juden Amerikas um. Das AJC klagte, daß die arabischen Staaten nun »Hitlers Spießgesellen, den Mufti [von Jerusalem], bewaffneten, während die Vereinigten Staaten ihr Waffenembargo verschärften«, und sah »Massenselbstmorde und eine vollständige Vernichtung der Juden in Palästina« voraus. Selbst der Außenminister George Marshall und der CIA prophezeiten eine sichere jüdische Niederlage, falls es zum Krieg kommen würde.[30] Obwohl »tatsächlich die stärkere Seite gewann« (der Historiker Benny Morris), war es für Israel wahrlich kein Spaziergang. Während der ersten Kriegsmonate zu Beginn des Jahres 1948 und besonders, als im Mai die Unabhängigkeit ausgerufen wurde, wurden Israels

Überlebenschancen von Yigael Yadin, dem Befehlshaber der Haganah, »fifty-fifty« eingeschätzt. Ohne einen geheimen Waffendeal mit der Tschechoslowakei hätte Israel wahrscheinlich nicht überlebt.[31] Nachdem es ein Jahr gekämpft hatte, hatte Israel 6000 Gefallene zu beklagen, ein Prozent seiner Bevölkerung. Warum also wurde DER HOLOCAUST nicht schon nach dem Krieg von 1948 zu einem Brennpunkt des jüdischen Lebens in Amerika?

Israel bewies schnell, daß es 1967 weit weniger verwundbar war als in seinem Kampf um die Unabhängigkeit. Die israelischen und amerikanischen Führer wußten schon vorher, daß Israel in einem Krieg mit den arabischen Staaten leicht die Oberhand behalten würde. Als Israel seine arabischen Nachbarn innerhalb weniger Tage in die Flucht schlug, wurde diese Wahrheit überzeugend offenbar. Novick berichtet: »Anläßlich der Mobilisierung der amerikanischen Juden zugunsten Israels wurde vor dem Krieg erstaunlich wenig auf den Holocaust Bezug genommen.«[32] Erst *nach* Israels überwältigender Demonstration seiner militärischen Stärke entstand die Holocaust-Industrie und florierte inmitten der größten israelischen Siegesgewißheit.[33] Der übliche Interpretationsrahmen kann diese Anomalien nicht erklären.

Die schockierenden Rückschläge Israels zu Beginn und seine bedeutenden Verluste während des arabisch-israelischen Oktober-Krieges von 1973 sowie seine zunehmende internationale Isolation danach – das wird in konventionellen Darstellungen vertreten – verschärften die Befürchtungen der amerikanischen Juden bezüglich Israels Verwundbarkeit. Entsprechend trat nun die Erinnerung an den Holocaust in den Mittelpunkt des Geschehens. Novick schreibt dazu: »Unter amerikanischen Juden … bekam die Situation eines verwundbaren und isolierten Israels allmählich eine erschreckende Ähnlichkeit mit der der europäischen Juden dreißig Jahre zuvor … Nicht nur war das der ›Take off‹ des Redens über den Holocaust in Amerika, es wurde auch zunehmend [sic] institutionalisiert.«[34] Doch im Krieg von 1948 hatte Israel sich näher am Abgrund befunden und in relativen wie in absoluten Zahlen weit mehr Opfer zu beklagen gehabt als 1973.

Klar, abgesehen von seinem Bündnis mit den USA war Israel nach dem Oktober-Krieg von 1973 international nicht mehr gut angesehen. Man möge ihn aber mit dem Suez-Krieg von 1956 vergleichen. Israel und die organisierten amerikanischen Juden behaupteten, Ägypten hätte am Vorabend der Invasion des Sinai die Existenz Israels bedroht; zudem würde ein vollständiger Abzug Israels aus dem Sinai »Israels vitale Interessen: sein Überleben als Staat«[35] entscheidend schwächen. Die internationale Gemeinschaft blieb indessen fest. Abba Eban erinnert sich traurig seiner glänzenden Vorstellung vor der Generalversammlung der Vereinten Nationen, die, »nachdem sie die Rede mit anhaltendem und heftigem Applaus bedacht hatte, in der Folge mit großer Mehrheit gegen uns stimmte«.[36] Bei diesem Konsens spielten die USA eine herausragende Rolle. Nicht nur, daß Eisenhower Israel zum Rückzug zwang, auch die öffentliche Unterstützung für Israel in den USA fiel auf einen »erschreckenden Tiefstand« (so der

Historiker Peter Grose).[37] Unmittelbar nach dem Krieg von 1973 dagegen stellten die USA Israel massive Militärhilfe zur Verfügung; diese war weit umfangreicher als die in den vier vorhergehenden Jahren zusammen, während die öffentliche Meinung Amerikas fest hinter Israel stand.[38] Das war der Zeitpunkt des »Take off« der »Reden über den Holocaust ... in Amerika«, und damals war Israel weniger isoliert als 1956.

Tatsächlich trat die Holocaust-Industrie nicht deshalb in den Mittelpunkt des Geschehens, weil Israels unerwartete Rückschläge während des Oktober-Krieges von 1973 und sein Paria-Status danach Erinnerungen an die »Endlösung« wachriefen. Vielmehr überzeugte Sadats eindrucksvolles militärisches Auftreten im Oktober-Krieg die politischen Eliten Amerikas und Israels, daß eine diplomatische Einigung mit Ägypten einschließlich einer Rückgabe der von Israel im Juni 1967 besetzten Gebiete nicht länger zu vermeiden war. Um Israels Druckmittel für Verhandlungen zu stärken, steigerte die Holocaust-Industrie ihre Produktionsrate. Der entscheidende Punkt liegt darin, daß Israel nach dem Krieg von 1973 nicht von den Vereinigten Staaten isoliert war. Diese Entwicklungen spielten sich im Rahmen der amerikanisch-israelischen Allianz ab, die vollkommen intakt blieb.[39] Die historischen Dokumente legen überzeugend nahe, daß die amerikanischen Juden, wenn Israel nach dem Oktober-Krieg wirklich allein dagestanden hätte, sich um keinen Deut mehr an die Massenvernichtung der Juden durch die Nazis erinnert hätten als nach den Kriegen von 1948 oder 1956.

Novick liefert flankierende Erklärungen, die eher

weniger überzeugend sind. Mit Hilfe von Zitaten jüdischer Religionsgelehrter schlägt er zum Beispiel vor, daß »der Sechs-Tage-Krieg eine volkstümliche Theologie von ›Holocaust und Errettung‹« anbot. Das »Licht« des Sieges vom Juni 1967 tilgte die »Dunkelheit« des Völkermords durch die Nazis – »der Sieg hatte Gott eine zweite Chance gegeben«. DER HOLOCAUST konnte erst nach dem Juni 1967 ins Leben Amerikas eintreten, weil »die Auslöschung der europäischen Juden [ein] – wenn nicht glückliches, so doch zumindest erträgliches – Ende gefunden hatte«. In den jüdischen Standarddarstellungen war jedoch nicht der Juni-Krieg, sondern die Gründung Israels der entscheidende Zeitpunkt der Errettung. Warum mußte DER HOLOCAUST auf eine *zweite* Errettung warten? Novick behauptet, daß das »Bild der Juden als militärische Helden« im Juni-Krieg »dazu beitrug, das Klischee vom schwachen und passiven Opfer zu tilgen, das ... die jüdische Diskussion des Holocaust zuvor gehemmt hatte«.[40] Doch was die Courage angeht, war der Krieg von 1948 Israels größte Stunde. Und Moshe Dayans »kühner« und »glänzender« 100-Stunden-Feldzug des Jahres 1956 im Sinai kündigte den schnellen Sieg vom Juni 1967 an. Warum also benötigten die amerikanischen Juden den Juni-Krieg, um »das Klischee zu tilgen«?

Novicks Darstellung, wie die jüdischen Eliten in Amerika dazu kamen, die Massenvernichtung der Juden durch die Nazis zu instrumentalisieren, ist nicht überzeugend. Die folgenden repräsentativen Passagen illustrieren das:

> Als die Führung der amerikanischen Juden die Gründe für Israels Isolation und Verwundbarkeit zu verstehen versuchte – vielleicht würde man so eine Handhabe dagegen finden –, erhielt folgende Erklärung die meiste Zustimmung: Die schwächer werdenden Erinnerungen an die Verbrechen der Nazis gegen die Juden sowie das Heranwachsen einer Generation, die den Holocaust nicht kannte, hätten dazu geführt, daß Israel die Unterstützung verloren habe, deren es sich einst erfreut hatte.
>
> Während die Organisationen der amerikanischen Juden nichts unternehmen konnten, um die jüngste Vergangenheit im Mittleren Osten zu ändern, und herzlich wenig, um seine Zukunft zu beeinflussen, *konnten* sie daran arbeiten, die Erinnerungen an den Holocaust wiederzubeleben. Damit bot die Erklärung der »schwächer werdenden Erinnerungen« ein Programm für das Handeln.[41]

Warum fand die Erklärung für Israels Zwangslage nach 1967, die »schwächer werdenden Erinnerungen«, »die meiste Unterstützung«? Diese Erklärung war sicherlich unwahrscheinlich. Wie Novick selbst umfangreich dokumentiert, hat die Unterstützung, die Israel ursprünglich gewann, wenig mit »Erinnerungen an die Verbrechen der Nazi-Herrschaft«[42] zu tun, und überdies waren diese Erinnerungen ohnehin schon lange vor der Zeit schwächer geworden, in der Israel die internationale Unterstützung verlor. Warum konnten die jüdischen Eliten »herzlich wenig zur Beeinflussung« der

Zukunft Israels tun? Sie verfügten doch gewiß über ein hervorragendes organisatorisches Netzwerk. Warum war »die Wiederbelebung der Erinnerungen an den Holocaust« das einzige Handlungsprogramm? Warum unterstützte man nicht die internationale Übereinkunft, die einen Abzug Israels aus den im Juni-Krieg besetzten Gebieten verlangte *sowie* einen »gerechten und dauerhaften Frieden« zwischen Israel und seinen arabischen Nachbarn (UN-Resolution 242)?

Eine schlüssigere, wenn auch weniger schmeichelhafte Erklärung lautet, daß die jüdischen Eliten Amerikas sich vor dem Juni 1967 nur dann an die Massenvernichtung der Juden durch die Nazis erinnerten, wenn es politisch zweckdienlich war. Israel, ihr neuer Schutzherr, hatte während des Eichmann-Prozesses aus der Judenvernichtung Kapital geschlagen.[43] Angesichts ihrer erwiesenen Nützlichkeit bedienten sich die organisierten Juden Amerikas nach dem Juni-Krieg der Massenvernichtung der Juden durch die Nazis. Einmal ideologisch umgeformt, erwies DER HOLOCAUST (entsprechend der eingangs von mir angegebenen Erläuterung in Versalien) sich als die perfekte Waffe, um Kritik an Israel abzuwehren. Und zwar in genau der Weise, die ich im folgenden aufzeigen werde. Was hier hervorgehoben zu werden verdient, ist jedoch die Tatsache, daß DER HOLOCAUST für die jüdischen Eliten Amerikas die gleiche Funktion erfüllte wie Israel: Er war ein weiterer unschätzbarer Chip in einem Machtspiel mit hohen Einsätzen. Die bekundete Besorgnis um die Erinnerung an den Holocaust war ebenso gespielt wie die bekundete Besorgnis um Israels Schicksal.[44] Deshalb war Ronald

Reagans umnachtete Erklärung 1985 auf dem Soldatenfriedhof von Bitburg, wonach die dort begrabenen deutschen Soldaten (einschließlich der Angehörigen der Waffen-SS) »so gewiß wie die Opfer in den Konzentrationslagern Opfer der Nazis« seien, bei den organisierten Juden Amerikas rasch vergeben und vergessen. 1988 wurde Reagan von einer der bekanntesten Holocaust-Organisationen, dem Simon-Wiesenthal-Zentrum, für seine »standhafte Unterstützung Israels« mit der Auszeichnung »Humanitarian of the Year« bedacht; 1994 erhielt er von der pro-israelischen ADL die Auszeichnung »Torch of Liberty«.[45]

Der weiter zurückliegende Ausbruch von Reverend Jesse Jackson im Jahre 1979, er sei es »leid und müde, etwas über den Holocaust zu hören«, war dagegen nicht so schnell vergeben und vergessen. Tatsächlich hörten die Angriffe der jüdischen Eliten Amerikas gegen Jackson niemals auf, wenn auch nicht wegen seiner »antisemitischen Bemerkungen«, sondern eher wegen seiner »Parteinahme für die Position der Palästinenser« (Seymour Martin Lipset und Earl Raab).[46] Im Falle Jacksons war noch ein zusätzlicher Faktor beteiligt: Er repräsentierte Wählerschichten, mit denen die organisierten Juden Amerikas sich seit dem Ende der sechziger Jahre in den Haaren gelegen hatten. Auch in diesen Auseinandersetzungen erwies sich DER HOLOCAUST als mächtige ideologische Waffe.

Nicht Israels behauptete Schwäche und Isolation, nicht die Furcht vor einem zweiten Holocaust, sondern eher seine erwiesene Stärke und seine strategische Allianz mit den Vereinigten Staaten brachten die jüdischen

Eliten dazu, die Holocaust-Industrie nach dem Juni 1967 anzukurbeln. Novick liefert, wenn auch unabsichtlich, den besten Beweis für diese Schlußfolgerung. Um nachzuweisen, daß die amerikanische Politik gegenüber Israel von Machtüberlegungen und nicht von der »Endlösung« der Nazis bestimmt war, schreibt er: »Als der Holocaust im Bewußtsein der amerikanischen Führung noch ganz frisch war – während der ersten fünfundzwanzig Jahre nach dem Zweiten Weltkrieg –, war die Unterstützung der Vereinigten Staaten für Israel am *geringsten* ... Nicht als Israel für schwach und verwundbar gehalten wurde, sondern nachdem es im Sechs-Tage-Krieg seine Stärke bewiesen hatte, verwandelte die amerikanische Hilfe für Israel sich von einem Tröpfeln in eine Flut« (Hervorhebung im Original).[47] Dieses Argument läßt sich in gleichem Maß auf die jüdischen Eliten Amerikas beziehen.

Die Holocaust-Industrie speist sich auch aus inneren Quellen. Gängige Interpretationen verweisen auf das jüngste Auftreten einer »Politik der Identitätsbesinnung« auf der einen und der »Kultur der Übernahme von Opferrollen« auf der anderen Seite. In der Tat kann sich Identität auf eine bestimmte Geschichte von Unterdrückung gründen; entsprechend suchten Juden ihre eigene ethnische Identität im Holocaust zu finden.

Doch unter den Gruppen, die ihre Opferrolle beklagen, darunter Schwarze, Latinos, amerikanische Ureinwohner, Frauen, Schwule und Lesben, sind allein die Juden in Amerikas Gesellschaft nicht benachteiligt. In Wahrheit haben die Politik der Identitätsbesinnung und DER HOLOCAUST sich unter amerikanischen Juden nicht wegen deren Opferstatus verbreiten können, sondern weil diese *keine* Opfer sind.

Als die antisemitischen Schranken nach dem Zweiten Weltkrieg schnell fielen, stiegen die Juden in den Vereinigten Staaten zu überragender Bedeutung auf. Lipset und Raab zufolge ist das Pro-Kopf-Einkommen der Juden fast doppelt so hoch wie das der Nichtjuden; sechzehn der vierzig reichsten Amerikaner sind Juden, 40 Prozent der amerikanischen Nobelpreisgewinner in den Natur- und Wirtschaftswissenschaften sind Juden, ebenso wie 20 Prozent der Professoren an den großen Universitäten und auch 40 Prozent der Partner in den führenden Anwaltskanzleien in New York und Washington. Die Liste läßt sich fortsetzen.[48] Die jüdische Identität ist weit davon entfernt, dem Erfolg im Weg zu stehen – sie ist die Krone dieses Erfolges. So, wie viele Juden Israel auf Abstand hielten, solange es eine Belastung darstellte, und wieder zu Zionisten wurden, als es zu einem Wert wurde, hielten sie auch ihre ethnische Identität von sich fern, als sie eine Belastung war, und wurden erneut zu Juden, als das einen Wert darstellte.

Die weltliche Erfolgsstory der amerikanischen Juden bildete einen zentralen – vielleicht den einzigen – Glaubenssatz ihrer neu erworbenen Identität als Juden. Wer konnte noch bestreiten, daß die Juden ein »auserwähltes« Volk waren. In *A Certain People: American Jews and Their Lives Today* schwärmt Charles Silberman –

auch er ein »wiedergeborener« Jude – in charakteristischer Manier: »Die Juden wären keine Menschen gewesen, hätten sie sich jeglicher Vorstellung von Überlegenheit enthalten«, und »für amerikanische Juden ist es außerordentlich schwer, das Gefühl von Überlegenheit ganz auszuschalten, wie sehr sie sich auch bemühen mögen, es zu unterdrücken«. Dem Romancier Philip Roth zufolge erbt ein jüdisches Kind »keine Gesetzessammlung, keine zusammengefaßte Überlieferung des Lernens und keine Sprache und letztlich keinen Herrgott ..., sondern eine Art Psychologie – und diese Psychologie kann man in vier Worten zusammenfassen: ›Juden sind etwas Besseres‹«.[49] Wie gleich zu sehen sein wird, war DER HOLOCAUST die negative Version ihres gepriesenen Erfolges: Er diente dazu, die jüdische Auserwähltheit zu bestätigen.

In den siebziger Jahren war der Antisemitismus kein herausragendes Merkmal des amerikanischen Lebens mehr. Ungeachtet dessen begann die jüdische Führung Alarm zu schlagen, daß die Juden Amerikas von einem ansteckenden »neuen Antisemitismus« bedroht seien.[50] Zu den wesentlichen Beweisstücken einer bekannten Untersuchung der ADL (»gewidmet all denen, die gestorben sind, weil sie Juden waren«) gehörten das Broadway-Musical *Jesus Christ Superstar* und ein Magazin der Gegenkultur, das »Kissinger als schwanzwedelnden Kriecher, Feigling, tyrannischen Flegel, Schmeichler, Tyrannen, sozialen Aufsteiger, üblen Manipulator, unsicheren Snob und prinzipienlosen Streber nach Macht« karikierte – in diesem Fall eine Untertreibung.[51]

Für die organisierten Juden Amerikas diente diese

gespielte Hysterie eines neuen Antisemitismus mehreren Zwecken. Sie wertete Israels Bestehen als letzte Zuflucht auf, falls Amerikas Juden eine benötigten. Überdies trafen die Appelle der angeblich den Antisemitismus bekämpfenden jüdischen Organisationen um Spenden auf offenere Ohren. »So ist der Antisemit dazu verurteilt«, merkte Sartre einst an, »ohne den Feind, den er vernichten will, nicht leben zu können.«[52] Für jene jüdischen Organisationen ist die Umkehrung dieses Satzes ebenso wahr. Nachdem der Antisemitismus zur Mangelware geworden ist, ist in den letzten Jahren eine scharfe Rivalität zwischen wichtigen jüdischen »Verteidigungs«-Organisationen – insbesondere der ADL und dem Simon-Wiesenthal-Zentrum – ausgebrochen.[53] Hinsichtlich der Spendenbeschaffung dienen die behaupteten Gefahren für Israel übrigens dem gleichen Zweck. Bei seiner Rückkehr von einer Reise in die Vereinigten Staaten berichtete der angesehene israelische Journalist Danny Rubinstein: »Nach Ansicht der meisten Leute im jüdischen Establishment ist es sehr wichtig, immer wieder die äußeren Gefahren zu betonen, denen Israel sich gegenübersieht ... Das jüdische Establishment in Amerika braucht Israel lediglich als Opfer des grausamen arabischen Angriffs. Für ein solches Israel kann man Unterstützung, Spender, Geld gewinnen ... Jeder kennt die offiziellen Zahlen der Beiträge, die vom United Jewish Appeal in Amerika gesammelt werden, wo man den Namen Israels verwendet und wo etwa die Hälfte der Summe nicht an Israel geht, sondern an die jüdischen Organisationen in Amerika. Kann es einen größeren Zynismus geben?« Wie wir sehen werden, ist die Ausbeutung der »bedürftigen Holocaust-Opfer« durch die Holocaust-Industrie die jüngste und wohl auch häßlichste Manifestation dieses Zynismus.[54]

Das zentrale, eigentliche Motiv für das Läuten der antisemitischen Alarmglocken lag jedoch anderswo. Als die amerikanischen Juden sich größerer säkularer Erfolge erfreuen konnten, bewegten sie sich politisch allmählich nach rechts. Auch wenn sie in kulturellen Fragen wie Sexualmoral und Abtreibung immer noch links von der Mitte stehen, werden die Juden zunehmend konservativer, was Politik und Wirtschaft betrifft.[55] Ergänzend zur Wende nach rechts erfolgte eine Wende nach innen, als die Juden, die keine Rücksicht mehr auf frühere Verbündete unter den Habenichtsen nahmen, ihre Mittel in zunehmendem Maß nur für jüdische Belange reservierten. Diese Neuorientierung der amerikanischen Juden[56] wurde in den zunehmenden Spannungen zwischen Juden und Schwarzen deutlich sichtbar. Traditionell mit den Schwarzen gegen die Diskriminierung gesellschaftlicher Gruppen in den USA verbündet, verließen viele Juden gegen Ende der sechziger Jahre das Bündnis für die Bürgerrechte, als, wie Jonathan Kaufman berichtet, »die Ziele der Bürgerrechtsbewegung sich verlagerten – von der Forderung nach politischer und gesetzlicher Gleichstellung zu der Forderung nach wirtschaftlicher Gleichstellung«. Ähnliche Erinnerungen hat auch Cheryl Greenberg: »Als die Bürgerrechtsbewegung den Norden erreichte, die Viertel jener liberalen Juden, bekam die Frage der Integration eine andere Färbung. Die Juden drückten ihre

Besorgnisse nun eher in Klassen- als in Rassenbegriffen aus, und sie flohen ebenso schnell in die Vorstädte wie die weißen Christen, um dem zu entgehen, was sie als Verfall ihrer Schulen und Viertel wahrnahmen.« Den bemerkenswerten Höhepunkt stellte der langdauernde Streik der Lehrer von New York City im Jahr 1968 dar, in dem eine weitgehend jüdisch geprägte Berufsorganisation gegen schwarze Gemeinde-Aktivisten stand, die um die Kontrolle über sich verschlechternde Schulen kämpften. Berichte über den Streik erwähnen oft den am Rande auftretenden Antisemitismus. An den Ausbruch von Rassismus auf jüdischer Seite – vor dem Streik dicht an der Oberfläche – erinnert man sich nicht so oft. In jüngster Zeit haben jüdische Publizisten und Organisationen eine herausragende Rolle bei den Bemühungen gespielt, die Programme der *affirmative action* (Integration von Minderheiten) abzubauen. Bei Musterprozessen vor dem Supreme Court – *DeFunis* (1974) und *Bakke* (1978) – gaben AJC, ADL und der AJ-Congress, die offenbar die Empfindung einer jüdischen Mehrheit wiedergaben, dem Gericht Stellungnahmen zu Protokoll, die sich gegen die *affirmative action* aussprachen.[57]

Die jüdischen Eliten, die aggressiv vorgingen, um ihre Gruppen- und Klasseninteressen zu verteidigen, brandmarkten jede Opposition gegen ihre neue konservative Politik als antisemitisch. So behauptete der Chef der ADL, Nathan Perlmutter, der »wirkliche Antisemitismus« in Amerika liege in politischen Initiativen, die »jüdischen Interessen« abträglich seien, zum Beispiel in der Integration von Minderheiten, Kürzungen des

Verteidigungshaushalts und dem Neo-Isolationismus sowie dem Widerstand gegen die Kernkraft; selbst die Reform der Wahlen an den Colleges zählte er dazu.[58]

In dieser ideologischen Offensive sollte DER HOLOCAUST eine entscheidende Rolle spielen. Am offensichtlichsten ist, daß man mit der Berufung auf historische Verfolgung aktuelle Kritik abwehrte. Als Vorwand für den Widerstand gegen die Aktion zur Integration von Minderheiten konnten Juden sogar auf den »Numerus clausus« verweisen, unter dem sie in der Vergangenheit gelitten hatten. Darüber hinaus wurde der Antisemitismus im Rahmen des Holocaust als vollkommen irrationale Verachtung der Juden seitens der Nichtjuden verstanden. Die Möglichkeit, daß eine feindselige Stimmung gegen Nichtjuden vielleicht in einem wirklichen Interessenkonflikt (mehr dazu später) begründet sein könnte, wurde von vornherein ausgeschlossen. Die Berufung auf DEN HOLOCAUST war deshalb ein Trick, jeglicher Kritik an Juden die Legitimation zu entziehen – eine solche Kritik konnte nur einem krankhaften Haß entspringen.

So, wie die organisierten Juden sich DES HOLOCAUST entsannen, als die Macht Israels auf dem Höhepunkt war, erinnerten sie sich auch an DEN HOLOCAUST, als die Macht der amerikanischen Juden ihren Gipfel erreicht hatte. Sie gaben jedoch vor, die Juden sähen sich hier und heute einem unmittelbar bevorstehenden ZWEITEN HOLOCAUST gegenüber. So konnten die jüdischen Eliten Amerikas heroische Posen einnehmen, während sie feige Druck ausübten. Norman Podhoretz hob die neue jüdische Entschlossenheit nach dem Juni-Krieg von 1967 hervor, sie habe »jedem zu widerstehen, der, in welcher Weise, in welchem Umfang und aus welchem Grund auch immer, den Versuch machen sollte, uns Schaden zuzufügen... Wir werden von nun an allen Angriffen standhalten.«[59] So, wie die Israelis, von den Vereinigten Staaten bis an die Zähne bewaffnet, aufsässige Palästinenser mutig in ihre Schranken wiesen, wiesen auch die amerikanischen Juden aufbegehrende Schwarze in ihre Schranken.

Jene herumzukommandieren, die am wenigsten in der Lage sind, sich zu wehren: Das steckt wirklich hinter der von den organisierten Juden Amerikas kultivierten Courage.

2. Kapitel

Schwindler, Geschäftemacher und die Geschichte

»Dieses Bezugnehmen auf den Holocaust«, merkt der angesehene israelische Autor Boas Evron an, ist eigentlich »eine offizielle propagandistische Indoktrination, die unaufhörlich Schlagworte sowie eine falsche Weltsicht hervorbringt und tatsächlich keineswegs darauf abzielt, die Vergangenheit zu verstehen, sondern darauf, die Gegenwart zu manipulieren.« Der Holocaust an sich ist keinem speziellen politischen Programm dienlich. Mit ihm kann sowohl eine Ablehnung als auch eine Unterstützung der Politik Israels motiviert werden. Durch eine ideologische Betrachtungsweise verzerrt, ließ sich – in Evrons Worten – »die Erinnerung an die Vernichtung durch die Nazis« jedoch »als mächtiges Werkzeug in den Händen der israelischen Führung und der Juden in anderen Ländern«[1] einsetzen. Aus der Massenvernichtung der Juden durch die Nazis wurde DER HOLOCAUST.

Zwei zentrale Dogmen bilden das Fundament für das Gefüge DES HOLOCAUST: (1) DER HOLOCAUST stellt ein absolut einzigartiges Ereignis der Geschichte dar; (2) DER HOLOCAUST steht für den Höhepunkt eines irrationalen, ewigen Hasses der Nichtjuden gegenüber den Juden. Vor dem Junikrieg 1967 spielten diese beiden Dogmen in der öffentlichen Auseinandersetzung überhaupt keine Rolle, und obwohl sie zu den Kernbestandteilen der HOLOCAUST-Literatur geworden sind, tauchen sie auch in der ursprünglichen wissenschaftlichen Forschung zur Massenvernichtung der Juden durch die Nazis überhaupt nicht auf.[2] Andererseits stützen sich beide Dogmen auf wichtige Züge des Judentums und des Zionismus.

Nach dem Zweiten Weltkrieg wurde der Völkermord der Nazis zunächst nicht als ausschließlich jüdisches – und schon gar nicht als geschichtlich einzigartiges – Ereignis gezeichnet. Insbesondere die organisierten Juden Amerikas gaben sich größte Mühe, ihn in einen universellen Zusammenhang zu stellen. Nach dem Juni-Krieg hat man die »Endlösung« der Nazis jedoch in einen radikal anderen Rahmen eingeordnet. »Der erste und wichtigste Anspruch, der aus dem Krieg von 1967 hervorging und zum Wahrzeichen des amerikanische Judentums wurde«, erinnert sich Jacob Neusner, sei gewesen, daß »der Holocaust ... einzigartig und in der Menschheitsgeschichte ohne Parallele war«.[3] In einem erhellenden Aufsatz spottet der Historiker David Stannard über die »kleine Industrie der Holocaust-Hagiographen, die mit der ganzen Energie und dem Einfallsreichtum theologischer Eiferer für die Einzigartigkeit der jüdischen Erfahrung streiten«.[4] Das Dogma von der Einzigartigkeit ergibt schließlich keinen Sinn.

Auf der allgemeinsten Stufe ist jedes geschichtliche Ereignis einzigartig, und sei es nur, weil es zeitlich und räumlich festgelegt ist. Und jeder historische Vorgang trägt sowohl unterscheidende Merkmale wie auch solche in sich, die er mit anderen gemeinsam hat. Das Ungewöhnliche am HOLOCAUST ist, daß man seine Einzigartigkeit für absolut entscheidend hält. Welchem anderen historischen Ereignis, könnte man fragen, ordnet man hauptsächlich die Kategorie der Einzigartigkeit zu? Bezeichnenderweise greift man die unterscheidenden Merkmale des Holocaust heraus, um das Geschehen in eine vollkommen eigene Kategorie einzuordnen. Dabei wird jedoch nie klar, weshalb die vielen gemeinsamen Merkmale als vergleichsweise belanglos erachtet werden sollten.

Alle Holocaust-Autoren sind sich einig, daß DER HOLOCAUST einzigartig sei, aber nur wenige, wenn überhaupt, sind sich einig, weshalb. Jedesmal, wenn ein Argument für die Einzigartigkeit des Holocaust widerlegt worden ist, bringt man statt dessen ein neues vor. Jean-Michel Chaumont zufolge führt das zu vielfältigen, einander widersprechenden Argumenten, die sich gegenseitig aufheben: »Der Wissensstand wird nicht erweitert. Um es besser zu machen als beim vorhergehenden Argument, fängt man vielmehr jedesmal wieder bei Null an.«[5] Anders gesagt: In der Konstruktion DES HOLOCAUST gilt seine Einzigartigkeit als gegeben – dies zu beweisen ist zulässig, es zu widerlegen kommt der Leugnung des Holocaust gleich. Das Problem liegt möglicherweise in der Voraussetzung, nicht im Beweis. Selbst wenn der Holocaust einzigartig wäre, was würde das für einen Unterschied ausmachen? Wie würde unser Verständnis sich verändern, wenn die Massenvernichtung der Juden durch die Nazis nicht die erste, sondern die vierte oder fünfte in einer Reihe vergleichbarer Katastrophen wäre?

Mit *The Holocaust in Historical Context* hat zuletzt Steven Katz seinen Einsatz in die Lotterie mit der Einzigartigkeit des Holocaust eingebracht. Katz führt im ersten Band seiner auf drei Bände angelegten Untersuchung fast 5000 Titel an; er beleuchtet die ganze Spannweite der Menschheitsgeschichte, um zu beweisen, daß »der Holocaust deswegen eine einzigartige Erscheinung ist, weil noch nie zuvor ein Staat sich angeschickt hat, mit bewußtem Vorsatz und systematischem Vorgehen alle Männer, Frauen und Kinder eines bestimmten Volkes physisch zu vernichten.« Zur Erläuterung seiner These führt Katz aus: »[Die Eigenschaft] C ist ausschließlich ϕ zugeordnet. Mit ▲ hat ϕ vielleicht A, B, D, ... X gemeinsam, aber nicht C. Und wieder hat ϕ mit allen ▲ vielleicht A, B, D, ... X gemeinsam, nicht aber C. Alles Wesentliche hängt gewissermaßen davon ab, daß C allein eine Eigenschaft von ϕ ist ... π ohne C ist nicht ϕ ... Definitionsgemäß sind keine Ausnahmen von dieser Vorschrift zulässig. Ein ▲, das A, B, D, ... X mit ϕ gemeinsam hat, ist in dieser und anderen Beziehungen vielleicht ähnlich wie ϕ ..., doch soweit es unsere Definition von Einzigartigkeit betrifft, können einzelne oder alle ▲, die C nicht besitzen, niemals ϕ sein. In seiner Gesamtheit ist ϕ natürlich mehr als C, doch ohne C ist es niemals ϕ.« Übersetzung: Ein historisches Ereignis, das ein unverwechselbares Merkmal besitzt, ist ein unverwechselbares historisches Ereignis. Um jegliche Verwirrung zu vermeiden, erklärt Katz des weiteren, er verwende den

Begriff *phänomenologisch* »in einem un-husserlschen, un-shutzschen, un-schelerschen, un-heideggerschen, un-merleau-pontyischen Sinn«. Übersetzung: Das katzsche Unternehmen ist phänomenaler Un-Sinn.[6] Selbst wenn Katz' Hauptthese durch Anhaltspunkte gestützt würde, was nicht der Fall ist, würde damit nur bewiesen, daß der Holocaust ein unverwechselbares Merkmal besitzt. Es wäre allerdings auch ein Wunder, wenn das nicht so wäre. Chaumont kommt zu dem Schluß, daß Katz' Studie eigentlich »Ideologie« ist, die sich als »Wissenschaft« verkleidet. Hierzu gleich noch mehr.[7]

Nur ein Katzensprung trennt die Behauptung, der Holocaust sei einzigartig, von der Behauptung, der Holocaust sei rational nicht zu begreifen. Wenn es kein dem Holocaust vergleichbares geschichtliches Ereignis gibt, dann muß er darüberstehen und kann folglich nicht von der Geschichte erfaßt werden. In der Tat, DER HOLOCAUST ist einzigartig, weil er unerklärlich ist, und er ist unerklärlich, weil er einzigartig ist.

Novick hat diese Mystifizierung »Heiligsprechung des Holocaust« getauft, und Elie Wiesel ist ihr erfahrenster Fürsprecher. Für Wiesel ist DER HOLOCAUST, wie Novick zu Recht anmerkt, wirklich eine »Mysterien«-Religion. So intoniert Wiesel, daß DER HOLOCAUST »in die Finsternis führt«, »alle Antworten verweigert«, »außerhalb, wenn nicht jenseits der Geschichte liegt«, »sich dem Wissen wie der Beschreibung widersetzt«, »nicht erklärt oder bildlich vorgestellt werden kann«, »niemals zu erfassen oder zu vermitteln« sei, eine »Zerstörung der Geschichte« und eine »Veränderung im kosmischen Maßstab« markiere. Nur der Priester-Überlebende (sprich: nur Wiesel) ist geeignet, sein Mysterium zu erahnen. Und doch ist das Mysterium DES HOLOCAUST, wie Wiesel bekennt, »nicht zu vermitteln«; »wir können noch nicht einmal darüber sprechen«. Folglich trägt Wiesel in seinen Reden für das Standardhonorar von 25 000 Dollar (plus Limousine mit Chauffeur) vor, daß das »Geheimnis« von Auschwitz' »Wahrheit im Schweigen liegt«.[8]

Aus dieser Perspektive läuft ein rationales Verständnis DES HOLOCAUST darauf hinaus, ihn zu leugnen. Denn eine rationale Annäherung leugnet die Einzigartigkeit und das Mysterium DES HOLOCAUST. Und wer diesen HOLOCAUST mit den Leiden anderer vergleicht, begeht für Wiesel »absoluten Verrat an der jüdischen Geschichte«.[9] Vor einigen Jahren trug die Parodie auf ein New Yorker Sensationsmagazin die Schlagzeile: »Michael Jackson und 60 Millionen andere sterben bei nuklearem Holocaust.« Auf der Leserbriefseite folgte ein wütender Protest Wiesels: »Wie kann es jemand wagen, etwas, das sich gestern zugetragen hat, als Holocaust zu bezeichnen? Es gab nur einen einzigen Holocaust…« Zum Beweis, daß auch das richtige Leben Parodien bereithält, tadelt Wiesel in seinem neuen Erinnerungsband Shimon Peres dafür, daß er »[nicht] zögerte, von den ›beiden Holocausts‹ unseres Jahrhunderts zu sprechen: Auschwitz und Hiroshima. Das hätte er nicht tun dürfen.«[10] Ein von Wiesel gern benutztes Schlagwort lautet, daß »die Allgemeingültigkeit des Holocaust in seiner Einzigartigkeit liegt«.[11] Wenn der Holocaust aber unvergleichlich und unbegreiflich einzigartig ist, wie kann er dann eine allgemeingültige Seite besitzen?

Die Debatte um die Einzigartigkeit des Holocaust ist unfruchtbar. Die Behauptungen, der Holocaust sei einzigartig, haben mittlerweile in der Tat eine Form von »intellektuellem Terrorismus« (Chaumont) angenommen. Jene, die die normalen vergleichenden Verfahren wissenschaftlicher Untersuchungen anwenden, müssen zunächst tausendundeinen Vorbehalt voranschicken, um den Vorwurf gar nicht erst aufkommen zu lassen, sie würden »DEN HOLOCAUST trivialisieren«.[12]

In der Behauptung von der Einzigartigkeit des Holocaust ist auch enthalten, daß DER HOLOCAUST einzigartig böse gewesen sei. Die Leiden anderer, wie schrecklich auch immer, seien damit einfach nicht zu vergleichen. Vertreter der Einzigartigkeit des Holocaust weisen diese Implikation immer weit von sich, doch solche Einwände sind unaufrichtig.[13]

Die Behauptungen, daß der Holocaust einzigartig sei, sind intellektuell unfruchtbar und moralisch verwerflich, doch sie bleiben bestehen. Die Frage lautet, warum? Zunächst verleiht einzigartiges Leid einen einzigartigen Anspruch. Das unvergleichlich Böse des Holocaust sondert die Juden laut Jacob Neusner nicht nur von den anderen ab, sondern gibt den Juden auch einen »Anspruch gegenüber diesen anderen«. Für Edward Alexander stellt die Unvergleichlichkeit DES HOLOCAUST »moralisches Kapital« dar; Juden müßten die »Herrschaft« über diesen »wertvollen Besitz beanspruchen«.[14]

Die Einzigartigkeit des Holocaust – dieser »Anspruch« gegenüber anderen, dieser »wertvolle Besitz« – dient Israel in der Tat als vorzügliches Alibi. »Da das jüdische Leiden so einmalig ist«, bringt der Historiker Peter Baldwin vor, »erweitert es die moralischen und emotionalen Ansprüche, die Israel an andere Länder ... stellen kann.«[15] So gab, Nathan Glazer zufolge, der Holocaust, indem er auf die »besondere *Unverwechselbarkeit* der Juden« verwies, den Juden »das Recht, sich selbst als besonders bedroht und als aller möglichen zum Überleben notwendigen Anstrengungen besonders würdig anzusehen«.[16] (Hervorhebung im Original) Um ein typisches Beispiel zu zitieren: Jeder Bericht über Israels Entscheidung, Nuklearwaffen zu entwickeln, beschwört das Gespenst des Holocaust herauf.[17] Als ob Israel sich sonst nicht auf den Weg zur Nuklearmacht begeben hätte.

Es spielt noch ein anderer Faktor mit. Die Behauptung der Einzigartigkeit des Holocaust ist auch die Behauptung der jüdischen Einzigartigkeit. Nicht das Leiden der Juden machte den Holocaust so einzigartig, sondern die Tatsache, daß die *Juden* litten. Oder: Der Holocaust ist etwas Besonderes, weil Juden etwas Besonderes sind. Ismar Schorsch, Kanzler des Jüdischen Theologischen Seminars, kritisiert heftig den Anspruch auf die Einzigartigkeit des Holocaust als »eine geschmacklose, säkularisierte Version der Auserwähltheit«.[18] So vehement Elie Wiesel in bezug auf die Einzigartigkeit des Holocaust ist, so nachdrücklich vertritt er auch die These, daß die Juden einzigartig seien. »Alles an uns ist anders.« Juden sind ontologisch außergewöhnlich.[19] DER HOLOCAUST bezeichnete den Höhepunkt eines tausendjährigen Hasses der Nichtjuden; damit bezeugte er nicht nur das unvergleichliche Leiden der Juden, sondern eben auch ihre Einzigartigkeit.

Während und nach dem Zweiten Weltkrieg, berichtet Novick, »hätte kaum jemand innerhalb der Regierung [der USA] – und auch kaum jemand außerhalb – die Worte ›Verlassenheit der Juden‹ verstanden«. Nach dem Juni 1967 kam es zu einer Wende. »Das Schweigen der Welt«, »die Gleichgültigkeit der Welt«, »die Verlassenheit der Juden«: Diese Themen wurden zu einer Klammer der HOLOCAUST-Diskussion.[20]

Mit der Aneignung eines zionistischen Glaubenssatzes wurde Hitlers »Endlösung« innerhalb der Konstruktion DES HOLOCAUST zum Höhepunkt eines tausendjährigen Judenhasses der Nichtjuden erhoben. Die Juden kamen um, weil alle Nichtjuden, sei es als Täter oder als passive Mittäter, ihren Tod wünschten. Laut Wiesel lieferte »die freie und zivilisierte Welt« die Juden »an ihren Henker aus. Da waren die Vollstrecker – die Mörder –, und da waren jene, die schwiegen.«[21] Für einen mörderischen Impuls der Nichtjuden in ihrer Gesamtheit gibt es keinen einzigen historischen Beweis. Daniel Goldhagens nachhaltige Anstrengung, in *Hitlers willige Vollstrecker* eine Variante dieser Behauptung zu beweisen, ist allenfalls komisch.[22] Politisch ist sie jedoch ausgesprochen nützlich. Man könnte übrigens noch festhalten, daß der »ewige Antisemitismus« es dem Antisemiten leicht macht. Arendt erklärt in *Elemente und Ursprünge totaler Herrschaft*: »Daß die antisemitische Geschichtsschreibung sich dieser Theorie professionell bemächtigt hat, bedarf keiner Erklärung; sie liefert in der Tat das bestmögliche Alibi für alle Greuel: Wenn es wahr ist, daß die Menschheit immer darauf bestanden hat, Juden zu ermorden, dann ist Judenmord eine normale, menschliche Betätigung und Judenhaß eine Reaktion, die man noch nicht einmal zu rechtfertigen braucht. Das Überraschende und Verwirrende an der Hypothese eines ewigen Antisemitismus liegt darin, daß sie von den meisten unvoreingenommenen und von nahezu allen jüdischen Historikern geteilt wird.«[23]

Das Holocaust-Dogma vom ewigen Judenhaß der Nichtjuden hat sowohl dazu gedient, die Notwendigkeit eines jüdischen Staates zu rechtfertigen, als auch dazu, die Feindschaft zu erklären, die Israel entgegengebracht wurde. Der Staat der Juden ist der einzige Schutz gegen den nächsten (unvermeidlichen) Ausbruch eines mörderischen Antisemitismus; im Gegenzug steckt der mörderische Antisemitismus hinter jedem Angriff auf und hinter jedem Verteidigungsmanöver gegen den jüdischen Staat. Die Romanautorin Cynthia Ozick hatte eine Antwort bereit, um die Kritik an Israel zu erklären: »Die Welt will die Juden ausrotten … Sie hat immer den Wunsch gehabt, die Juden auszurotten.«[24] Wenn alle Welt die Juden tot sehen will, ist es wahrhaft ein Wunder, daß sie immer noch leben – und, anders als große Teile der Menschheit, nicht gerade hungern.

Dieses Dogma hat Israel außerdem einen umfassenden Freibrief verschafft: Nachdem die Nichtjuden ständig darauf aus sind, Juden zu ermorden, haben die Juden das uneingeschränkte Recht, sich zu schützen, wie es ihnen beliebt. Auf welche Mittel die Juden auch immer zurückgreifen mögen, selbst Aggression und Folter, sie stellen eine legitime Selbstverteidigung dar. Boas Evron bedauert die »Lehre des Holocaust« vom ewigen Haß der Nichtjuden und merkt dazu an, daß durch sie »wirklich vorsätzlich Paranoia herangebildet wird… Diese Mentalität… entschuldigt von vornherein jede unmenschliche Behandlung von Nichtjuden, denn die vorherrschende Mythologie besagt, daß ›bei der Vernichtung der Juden alle Völker mit den Nazis zusammengearbeitet‹ [haben], von daher ist den Juden in ihrem Verhältnis zu anderen Völkern alles erlaubt.«[25]

Der Antisemitismus der Nichtjuden ist in der Konstruktion DES HOLOCAUST nicht nur unausrottbar, sondern immer auch irrational. Goldhagen geht weit über die hergebrachten zionistischen (ganz zu schweigen von den normalen wissenschaftlichen) Analysen hinaus, wenn er die Auffassung vertritt, der Antisemitismus habe »mit tatsächlichen Juden nichts zu tun«, sei »grundsätzlich keine Antwort auf objektiv bewertetes jüdisches Handeln«, habe »nichts mit dem Handeln der Juden zu tun… und auch nichts mit Kenntnissen über tatsächliche Charaktereigenschaften«. Als pathologische Störung der Nichtjuden ist er im »Kopf zu Hause«. Getrieben von »irrationalen Argumenten… verübelt… der Antisemit… dem Juden« laut Wiesel »einfach, daß es ihn gibt«.[26] »Alles, was Juden tun oder unterlassen, hat nicht nur nichts mit Antisemitismus zu tun«, merkt der Soziologe John Murray Cuddihy kritisch an, »sondern jeder *Ansatz,* Antisemitismus durch einen Verweis auf den jüdischen Beitrag zu diesem Antisemitismus zu erklären, ist selbst ein Beispiel für Antisemitismus!« (Hervorhebung im Original)[27]

Damit ist natürlich nicht gesagt, daß Antisemitismus zu rechtfertigen wäre oder daß man Juden für Verbrechen verantwortlich machen könnte, die gegen sie begangen wurden, sondern nur, daß Antisemitismus sich in einem spezifischen geschichtlichen Kontext mit dem entsprechenden Zusammenspiel von Interessen entwickelt. »Eine begabte, gut organisierte und weithin erfolgreiche Minderheit kann Konflikte hervorrufen, die sich aus objektiven Spannungen zwischen Gruppen herleiten«, wie Ismar Schorsch zeigt, obwohl diese Konflikte »oft in antisemitische Klischees eingebettet sind.«[28]

Der irrationale Wesensgehalt des Antisemitismus der Nichtjuden ist aus dem irrationalen Wesensgehalt DES HOLOCAUST abgeleitet. Hitlers »Endlösung« entbehre nämlich in einzigartiger Weise jeglicher Rationalität – sie war »böse um ihrer selbst willen«, »zweckfreier« Massenmord; sie bezeichne den Höhepunkt des Antisemitismus der Nichtjuden, deshalb sei dieser Antisemitismus seinem Wesen nach rational nicht faßbar. Diese Thesen, ob zusammengenommen oder einzeln, halten selbst einer oberflächlichen Prüfung nicht stand.[29] Politisch ist das Argument jedoch von großem Nutzen.

Indem das Holocaust-Dogma die Rolle der Juden völlig ausspart, macht es Israel und die amerikanischen Juden immun gegen legitime Kritik. Die Feindseligkeit der Araber, die Feindseligkeit der Afro-Amerikaner: Sie sind »grundsätzlich *keine* Reaktion auf irgendeine objektive Bewertung jüdischen Handelns« (Goldhagen).[30] Man bedenke, was Wiesel zur Judenverfolgung meint: »Zweitausend Jahre lang … waren wir ständig bedroht... Weshalb? Ohne jeden Grund.« Und zur Feindschaft der Araber gegenüber Israel: »Wegen dem, was wir sind und wofür unsere Heimat Israel steht – für unser innerstes Leben, für unseren Traum aller Träume – wenn unsere Feinde uns zu vernichten versuchen, werden sie es tun, indem sie Israel zu vernichten versuchen.« Zur Feindschaft der Schwarzen gegen die Juden Amerikas: »Die Menschen, die sich ihre Inspiration von uns holen, danken es uns nicht, sondern greifen uns an. Wir befinden uns in einer sehr gefährlichen Lage. Wieder sind wir nach allen Seiten der Sündenbock... Wir haben den Schwarzen geholfen; wir haben ihnen immer geholfen... Die Schwarzen tun mir leid. Es gibt etwas, das sie von uns lernen sollten, und zwar Dankbarkeit. Kein Volk der Welt kennt die Dankbarkeit so wie wir; wir sind auf ewig dankbar.«[31] Immer gezüchtigt, immer unschuldig angegriffen: Das ist die Bürde, ein Jude zu sein.[32]

Das Holocaust-Dogma vom ewigen Judenhaß der Nichtjuden bestätigt auch das komplementäre Holocaust-Dogma der Einzigartigkeit. Wenn der Holocaust der Höhepunkt eines tausendjährigen Judenhasses der Nichtjuden war, dann müßte man folgern, daß die Verfolgung von Nichtjuden im Verlauf des Holocaust nur beiläufig geschah, und die Verfolgung von Nichtjuden in der gesamten Geschichte war lediglich eine Episode. Von jedem Standpunkt aus war das Leiden der Juden während des Holocaust dann einzigartig.

Schließlich war das Leiden der Juden auch noch einzigartig, weil die Juden einzigartig sind. DER HOLOCAUST war unvergleichlich, weil er nicht rational war.

Letztlich war sein Impetus eine höchst irrationale, wenn nicht gar allzumenschliche Leidenschaft. Die nichtjüdische Welt haßte die Juden aus Neid und Eifersucht: *Ressentiment.* Laut Nathan und Ruth Ann Perlmutter entsprang der Antisemitismus aus »Eifersucht und Groll, weil die Juden die Christen auf dem Markt ausstachen..., eine große Anzahl nicht so fähiger Nichtjuden ärgerte sich über eine kleine Anzahl fähigerer Juden.«[33] Somit bestätigte DER HOLOCAUST, wenn auch negativ gewendet, die Auserwähltheit der Juden. Da Juden besser oder erfolgreicher sind, zogen sie den Zorn der Nichtjuden auf sich, von denen sie dann ermordet wurden.

In einer kurzen Randbemerkung sinniert Novick darüber, »wie die Diskussion über den Holocaust in Amerika wohl aussehen würde«, wenn Elie Wiesel nicht ihr »hauptsächlicher Interpret« wäre?[34] Die Antwort ist nicht schwer zu finden: Vor dem Juni 1967 fand die universalistische Botschaft Bruno Bettelheims, der das Konzentrationslager überlebt hatte, Widerhall unter den amerikanischen Juden. Nach dem Juni-Krieg wurde Bettelheim zugunsten Wiesels aufs Abstellgleis geschoben. Wiesel ist so prominent geworden, weil er ideologisch nützlich war. Einzigartigkeit des Leidens der Juden/Einzigartigkeit der Juden, ewig schuldige Nichtjuden/ewig unschuldige Juden, bedingungslose Verteidigung Israels/bedingungslose Verteidigung jüdischer Interessen: Elie Wiesel *ist* DER HOLOCAUST.

Ein beträchtlicher Teil der Literatur zu Hitlers »Endlösung« ist, soweit darin die entscheidenden Holocaust-Dogmen zum Ausdruck kommen, wissenschaftlich gesehen wertlos. Auf dem Feld der Studien zum Holocaust findet sich in der Tat eine Menge Unsinn, wenn nicht schierer Schwindel. Besonders entlarvend ist das kulturelle Umfeld, das diese Holocaust-Literatur nährt.

Der erste große Holocaust-Schwindel war *The Painted Bird* des polnischen Emigranten Jerzy Kosinski.[35] Wie Kosinski erklärte, hatte er das Buch »in Englisch geschrieben«, damit »ich leidenschaftslos schreiben konnte, frei von den emotionalen Assoziationen, die die Muttersprache immer enthält«. In Wahrheit sind alle Teile, die möglicherweise von ihm selbst geschrieben worden sind – eine ungelöste Frage –, in polnischer Sprache verfaßt. Das Buch wurde als Kosinskis autobiographischer Bericht seiner Wanderungen als einsames Kind im ländlichen Polen während des Zweiten Weltkriegs ausgegeben. In Wahrheit lebte Kosinski während des gesamten Krieges bei seinen Eltern. Hauptmotiv des Buches sind die sadistischen sexuellen Quälereien, die die polnische Bauernschaft beging. Leser, die das Buch vor seiner Veröffentlichung kennengelernt hatten, machten sich darüber lustig; es sei »Gewaltpornographie« und »das Ergebnis eines von sadomasochistischer Gewalt besessenen Geistes«. Tatsächlich beschwor Kosinski fast alle von ihm erzählten Episoden aus dem Nichts herauf. Das Buch schildert die polnischen Bauern, mit denen er zusammenlebte, als ausgeprägt antisemitisch. »Schlagt die Juden«, johlen sie. »Schlagt die Bastarde!« In Wirklichkeit wurde die Familie Kosinskis von polnischen Bauern aufgenommen, obwohl diese genau wußten, daß es sich um Juden handelte, und auch die schrecklichen Folgen kannten, die sie zu erwarten hatten, wenn man sie erwischte.

In der Zeitschrift *The New York Times Book Review* lobte Elie Wiesel *The Painted Bird* als »eine der besten« Anklagen der Nazizeit, »geschrieben mit tiefer Aufrichtigkeit und Empfindsamkeit«. Später schwärmte Cynthia Ozick, sie habe Kosinskis Authentizität als »jüdischer Überlebender und Zeuge des Holocaust … sofort« erkannt. Lange nachdem Kosinski als vollendeter literarischer Hochstapler entlarvt worden war, überhäufte Wiesel dessen »bemerkenswertes Gesamtwerk« noch immer mit Lobreden.[36]

The Painted Bird wurde zu einem grundlegenden Text DES HOLOCAUST. Es war ein Bestseller und gewann Preise, wurde in zahlreiche Sprachen übersetzt und war Unterrichtstext in Highschools und Colleges. Kosinski, der die Holocaust-Rundtour mitmachte, nannte sich selbst einen »Elie Wiesel zum Billigtarif«. (Jene, die sich Wiesels Vortragshonorar nicht leisten konnten – »Schweigen« ist nicht billig –, wandten sich an ihn.) Als er schließlich von einem Enthüllungsmagazin entlarvt worden war, wurde Kosinski von der *New York Times,* die behauptete, er sei einer kommunistischen Verschwörung zum Opfer gefallen, weiterhin tapfer verteidigt.[37]

Ein neuerer Schwindel, Binjamin Wilkomirskis *Bruchstücke,*[38] bedient sich wahllos beim Holocaust-Kitsch von *The Painted Bird.* Wie Kosinski zeichnet Wilkomirski sich als einsames, überlebendes Kind, das stumm wird, in einem Waisenhaus aufwächst und erst verspätet entdeckt, daß es ein Jude ist. Wie bei *The Painted Bird* besteht das wesentliche erzählerische Konzept von *Bruchstücke* in der schlichten, auf das Notwendigste beschränkten Stimme eines naiven Kindes, wodurch auch der Zeitrahmen und die Ortsbezeichnungen vage bleiben können. Wie in *The Painted Bird* gipfelt jedes Kapitel von *Bruchstücke* in einer Gewaltorgie. Kosinski stellte *The Painted Bird* als »langsames Auftauen der Seele« vor; Wilkomirski stellt *Bruchstücke* als »wiedergefundene Erinnerung« dar.[39]

Bruchstücke, durch und durch ein Schwindel, ist dennoch der Archetyp der HOLOCAUST-Erinnerung. Es beginnt zunächst im Konzentrationslager, wo jeder Aufseher ein wahnsinniges, sadistisches Monster ist, das mit Wonne die Schädel jüdischer Neugeborener zerschmettert. Doch die klassischen Erinnerungen an die Konzentrationslager der Nazis stimmen mit der Aussage der Auschwitz-Überlebenden Dr. Ella Lingens-Reiner überein: »Es gab nur wenige Sadisten. Nicht mehr als fünf bis zehn Prozent.«[40] In der HOLOCAUST-Literatur tritt der allgegenwärtige Sadismus der Deutschen dagegen stark hervor. Das dient einem doppelten Zweck, denn er »dokumentiert« die einzigartige Irrationalität DES HOLOCAUST ebenso wie den fanatischen Antisemitismus der Täter.

Bruchstücke ist deswegen ein Einzelfall, weil es weniger das Leben während des Holocaust schildert als vielmehr das danach. Der kleine Binjamin, der von einer schweizerischen Familie adoptiert worden ist, muß noch weitere Qualen durchleiden. Er ist in einer

Welt gefangen, in der man den Holocaust leugnet. »Das mußt du jetzt vergessen! Vergessen wie einen bösen Traum«, sagt seine Mutter. »Es war nur ein böser Traum … Du mußt alles vergessen.« »Hier in diesem Land«, erregt er sich, »sagen dauernd alle, ich soll vergessen und daß es nie geschehen ist, und ich hätte es nur geträumt. Aber sie wissen über alles Bescheid!«

Sogar in der Schule »[zeigen] die Knaben auf mich, machen Fäuste und rufen: ›Der spinnt doch, das gibt es gar nicht! Lügner! Er ist übergeschnappt, er ist verrückt, so ein Idiot.‹« (Ganz nebenbei: Hatten sie nicht recht?) All die Kinder der Nichtjuden schlagen auf ihn ein, singen antisemitische Liedchen und verbünden sich gegen den armen Binjamin, während die Erwachsenen ihn weiter quälen: »Du bildest dir das ein!«

So in bittere Verzweiflung getrieben, erlebt Binjamin eine Holocaust-Erscheinung. »Das Lager ist noch da. Es ist nur versteckt und gut getarnt. Die Menschen haben ihre Uniformen ausgezogen und sich schön gekleidet, damit man sie nicht erkenne … Deute ihnen nur leise einmal an, daß es sein könnte, daß du ein Jude bist, und du wirst spüren: Es sind noch immer die gleichen Menschen, und ich bin sicher: Sie können noch immer töten, auch ohne Uniform.« *Bruchstücke* ist mehr als eine Huldigung an das Holocaust-Dogma – es ist der letzte Beweis: Sogar in der Schweiz – der neutralen Schweiz – wollen all die Nichtjuden die Juden töten.

Bruchstücke wurde weithin als ein Klassiker der Holocaust-Literatur gefeiert. Das Buch wurde in ein Dutzend Sprachen übersetzt und gewann den Jewish National Book Award, den Preis des *Jewish Quarterly* und den Prix de Mémoire de la Shoah. Als Star von Dokumentationen, Hauptredner bei Holocaust-Konferenzen und -Seminaren und Spendenbeschaffer für das United States Holocaust Memorial Museum wurde Wilkomirski schnell zu einem Aushängeschild des HOLOCAUST.

Daniel Goldhagen, der *Bruchstücke* als »kleines Meisterwerk« lobte, wurde zum wichtigsten akademischen Vorkämpfer Wilkomirskis. Kenntnisreiche Historiker wie Raul Hilberg dagegen bezeichneten *Bruchstücke* schon früh als Schwindel. Nachdem die Täuschung entlarvt war, stellte Hilberg auch die richtigen Fragen: »Wie konnte dieses Buch bei mehreren Verlagen als Erinnerungswerk durchgehen? Wie konnte es diesem Herrn Wilkomirski Einladungen an das United States Holocaust Memorial Museum sowie an renommierte Universitäten einbringen? Wie ist es dazu gekommen, daß wir keine anständige Qualitätskontrolle haben, wenn es darum geht, Holocaust-Stoffe vor ihrer Veröffentlichung zu prüfen?«[41]

Wilkomirski, halb Spinner, halb Scharlatan, lebte, wie sich herausstellte, den ganzen Krieg über in der Schweiz. Er ist noch nicht einmal Jude. Doch man höre sich die Nachrufe der Holocaust-Industrie an:

> Arthur Samuelson (Verleger): *Bruchstücke* »ist ein recht gutes Buch… Ein Schwindel ist es nur, wenn man es als Sachbuch bezeichnet. Ich würde es eben in der Kategorie Belletristik herausgeben. Vielleicht ist es nicht wahr – desto besser ist sein Autor!«

> Carol Brown Janeway (Herausgeberin und Übersetzerin): »Falls sich die Anschuldigungen … als zutreffend herausstellen, dann stehen keine nachprüfbaren empirischen Tatsachen zur Debatte, sondern es sind spirituelle Tatsachen zu beurteilen. Man müßte die Seele überprüfen, und das ist unmöglich.«[42]

Das ist noch nicht alles. Israel Gutman ist einer der Leiter der Gedenkstätte Yad Vashem und hält Vorlesungen zum Holocaust an der Hebrew University. Außerdem war er selbst Häftling im Konzentrationslager Auschwitz. Laut Gutman »ist es nicht so wichtig«, ob *Bruchstücke* ein Schwindel ist. »Wilkomirski hat eine Geschichte geschrieben, die er tief empfunden hat; das steht fest … Er ist kein Schwindler. Er ist einer, der diese Geschichte sehr tief in seiner Seele erlebt. Der Schmerz ist authentisch.« Demnach spielt es also keine Rolle, ob er die Zeit des Krieges in einem Konzentrationslager zubrachte oder in einem schweizerischen Chalet; Wilkomirski ist kein Schwindler, wenn sein »Schmerz authentisch ist.« So argumentiert ein Überlebender von Auschwitz, der sich zum Holocaust-Experten gewandelt hat. Die anderen verdienen Verachtung – Gutman nur Mitleid.

Der *New Yorker* überschrieb den Artikel mit der Aufdeckung des Schwindels »Stealing the Holocaust« [etwa: Diebstahl am Holocaust]. Gestern hat man Wilkomirski für seine Geschichten über das Böse der Nichtjuden gefeiert, heute züchtigt man ihn als weiteren üblen Nichtjuden. *Immer* ist es der Fehler der Nichtjuden. Schon wahr, Wilkomirski hat sich seine Holocaust-Vergangenheit ausgedacht. Doch die übergreifende Wahrheit liegt darin, daß die Holocaust-Industrie, die auf einer betrügerischen Aneignung der Geschichte zu ideologischen Zwecken aufgebaut ist, darauf aus war, die Erfindungen Wilkomirskis zu feiern. Er war ein »Überlebender« des Holocaust, der darauf wartete, entdeckt zu werden.

Im Oktober 1999 gab Wilkomirskis deutscher Verlag, als er *Bruchstücke* aus den Buchhandlungen zurückzog, schließlich öffentlich bekannt, daß der Autor kein ehemaliges jüdisches Waisenkind, sondern der in der Schweiz geborene Bruno Doessecker sei. Als er erfuhr, daß die Party vorbei war, tönte Wilkomirski trotzig: »Ich bin Binjamin Wilkomirski!« Der amerikanische Verlag, Schocken, nahm *Bruchstücke* erst einen Monat später aus seinem Programm.[43]

Nun zur Sekundärliteratur über den Holocaust. Ein bezeichnendes Merkmal dieser Literatur ist der Raum, den die »arabische Connection« erhält. Obwohl der Mufti von Jerusalem, wie Novick mitteilt, »beim Holocaust keine nennenswerte Rolle« spielte, wies ihm die vierbändige *Encyclopedia of the Holocaust* (herausgegeben von Israel Gutman)[43a] eine Hauptrolle zu. Auch bei Yad Vashem steht der Mufti ganz oben auf der Besetzungsliste: »Dem Besucher wird der Schluß nahegelegt«, schreibt Tom Segev, »daß zwischen der Judenvernichtung durch die Deutschen und der arabischen Feindschaft gegenüber Israel Gemeinsamkeiten bestehen.« Anläßlich einer Auschwitz-Gedenkfeier, die von Geistlichen aller religiösen Bekenntnisse begangen wurde, monierte Wiesel *ausschließlich* die Anwesenheit eines moslemischen Kadi: »Vergißt man … Hadschi Amin el-Husseini, den Mufti von Jerusalem, Heinrich Himmlers Freund?« Übrigens: Wenn der Mufti bei Hitlers »Endlösung« eine so entscheidende Rolle spielte, fragt sich doch sehr, warum Israel ihn nicht wie Eichmann vor Gericht gestellt hat. Nach dem Krieg lebte er ganz offen gleich nebenan im Libanon.[44]

Besonders in der Folge von Israels unglückseliger Libanon-Invasion im Jahr 1982, als die israelischen Propagandabehauptungen von den »neuen Historikern« Israels vernichtend angegriffen wurden, waren die Apologeten verzweifelt bestrebt, die Araber als Nazis anzuschwärzen. Der angesehene Historiker Bernard Lewis brachte es fertig, der Nazi-Ideologie in Arabien ein ganzes Kapitel seiner kurzen Geschichte des Antisemitismus und ganze drei Seiten seiner »kurzen Geschichte der letzten 2000 Jahre« des Mittleren Ostens zu widmen. Am liberalen Ende des HOLOCAUST-Spektrums räumte Michael Berenbaum vom Washington Holocaust Memorial Museum großmütig ein, daß »die von jugendlichen Palästinensern, die über Israels Präsenz wütend sind, geworfenen Steine … nicht das gleiche bedeuten wie der Überfall der Nazis auf wehrlose jüdische Zivilisten.«[45]

Die jüngste große Holocaust-Show ist Daniel Jonah Goldhagens *Hitlers willige Vollstrecker*. Innerhalb weniger Wochen nach seinem Erscheinen druckte jedes wichtige Meinungsblatt eine oder mehrere Besprechungen. Die *New York Times* brachte mehrere Artikel, in denen Goldhagens Buch als »eines jener seltenen neuen

Werke« gelobt wird, »die die Bezeichnung Meilenstein verdient haben« (Richard Bernstein). Mit einer halben Million verkaufter Exemplare und vorgesehenen Übersetzungen in 13 Sprachen wurde *Hitlers willige Vollstrecker* im Magazin von *Time* als das »am meisten diskutierte« und zweitbeste Sachbuch des Jahres gefeiert.[46]

Elie Wiesel verwies auf die »bemerkenswerten Recherchen« und die »Fülle an Belegen..., gestützt von einer überwältigenden Zahl an Dokumenten und Tatsachen«, um *Hitlers willige Vollstrecker* als »großartigen Beitrag zum Verständnis und zur Vermittlung des Holocaust« anzukündigen. Israel Gutman pries das Buch, weil es »eindeutig zentrale Fragen wieder aufwirft«, die vom »Großteil der wissenschaftlichen Holocaust-Forschung« ignoriert würden. Goldhagen, nominiert für den Holocaust-Lehrstuhl der Harvard University und in den Medien mit Wiesel zusammengespannt, gelangte schnell zu allgegenwärtiger Präsenz im Vortragstourismus zum Thema Holocaust.

Die zentrale These von Goldhagens Buch ist eines der üblichen Holocaust-Dogmen: Getrieben von pathologischem Haß, stürzte sich das deutsche Volk auf die von Hitler gebotene Gelegenheit, die Juden zu ermorden. Selbst der führende Holocaust-Autor Yehuda Bauer, der an der Hebrew University lehrt und zu den Leitern von Yad Vashem gehört, hat dieses Dogma zeitweilig übernommen. Noch vor einigen Jahren schrieb Bauer über die geistige Verfassung der Täter: »Die Juden wurden von Leuten umgebracht, die sie größtenteils nicht wirklich haßten... Die Deutschen mußten keinen Haß für die Juden empfinden, um sie zu töten.«

In einer kürzlich erschienen Besprechung von Goldhagens Buch behauptete Bauer jedoch genau das Gegenteil: »Die radikalste Ausprägung mörderischer Gesinnung herrschte von den dreißiger Jahren an vor ... Beim Ausbruch des Zweiten Weltkriegs hatte sich die breite Mehrheit der Deutschen in einem solchen Ausmaß mit dem Regime und seiner antisemitischen Politik identifiziert, daß es kein Problem war, die Mörder zu rekrutieren.« Als man ihn zu dieser Diskrepanz befragte, erwiderte Bauer: »Ich kann keinerlei Widerspruch zwischen diesen beiden Aussagen erkennen.«[47]

Auch wenn *Hitlers willige Vollstrecker* mit dem Apparat einer wissenschaftlichen Untersuchung versehen ist, läuft das Buch auf wenig mehr hinaus als auf ein Kompendium sadistischer Gewalt. So ist es kaum verwunderlich, daß Goldhagen sich kräftig für Wilkomirski einsetzte: *Hitlers willige Vollstrecker* ist *Bruchstücke* plus Fußnoten. *Hitlers willige Vollstrecker,* voll mit groben Fehldeutungen von Quellenmaterial und inneren Widersprüchen, ist ohne wissenschaftlichen Wert. In *Eine Nation auf dem Prüfstand* haben Ruth Bettina Birn und der Autor dokumentiert, wie schludrig Goldhagens Unternehmung angelegt ist. Die darauf folgende Kontroverse beleuchtete das Funktionieren der Holocaust-Industrie auf lehrreiche Weise.

Birn, weltweit die führende Autorität für die Archive, die Goldhagen zu Rate zog, veröffentlichte ihre kritischen Befunde zuerst im *Historical Journal* von Cambridge. Goldhagen wies die Einladung der Zeitschrift zu einer umfassenden Erwiderung zurück und beauftragte statt dessen eine führende Londoner Anwaltskanzlei, Birn und die Cambridge University Press wegen »vieler schwerwiegender Verleumdungen« zu verklagen. Goldhagens Anwälte verlangten eine Entschuldigung, die Rücknahme der Kritik und eine Zusicherung Birns, die Kritik nicht zu wiederholen, und drohten zudem, daß »jegliches öffentliche Aufsehen, das Sie aufgrund dieses Briefes auslösen sollten, auf eine weitere Vergrößerung des Schadens hinauslaufen würde«.[48]

Kurz nachdem die ebenfalls kritischen Befunde des Autors in der *New Left Review* veröffentlicht wurden, erklärte sich der Metropolitan-Verlag, ein Label von Henry Holt, bereit, beide Aufsätze zusammen als Buch herauszugeben. In einer Titelgeschichte warnte *Forward,* Metropolitan sei »dabei, ein Buch von Norman Finkelstein herauszubringen, einem bekannten ideologischen Gegner des Staates Israel«. Die Zeitschrift *Forward* ist die wichtigste Instanz, die in den Vereinigten Staaten die (politische) »Holocaust-Correctness« durchsetzt.

Mit der Behauptung, daß »Finkelsteins himmelschreiende Voreingenommenheit und seine unverfrorenen Feststellungen ... durch seine antizionistische Haltung unwiderruflich belastet« seien, verlangte der ADL-Chef Abraham Foxman von Holt, auf die Veröffentlichung des Buchs zu verzichten: »Die Frage ... ist nicht, ob Goldhagens These richtig oder falsch ist, sondern was ›legitime Kritik‹ ist und was zu weit geht.« Sara Bershtel, Mitherausgeberin bei Metropolitan, erwiderte: »Ob Goldhagens These richtig oder falsch ist, genau das ist hier die Frage.«

Leon Wieseltier, Literaturredakteur der pro-israelischen *New Republic,* intervenierte persönlich bei Michael Naumann, dem Verleger von Holt. »Sie wissen nicht, wer Finkelstein ist. Er ist Gift, ein abstoßender Jude voller Selbsthaß, so etwas wie ihn finden Sie unter einem Stein.« Elan Steinberg, geschäftsführender Direktor des World Jewish Congress, bezeichnete Holts Entscheidung als »Schande« und meinte: »Wenn sie Müllmänner sein wollen, sollten sie sich die Uniform der Stadtreinigung anziehen.«

»Nie zuvor habe ich«, erinnerte sich Naumann später, »einen vergleichbaren Versuch interessierter Kreise erlebt, eine bevorstehende Veröffentlichung vor aller Augen schlecht zu machen.« Der bekannte israelische Historiker und Journalist Tom Segev merkte in der Zeitschrift *Haaretz* an, daß die Kampagne an »Kulturterrorismus« grenze.

Als leitende Historikerin der für Kriegsverbrechen und Verbrechen gegen die Menschlichkeit zuständigen Abteilung des kanadischen Justizministeriums wurde Birn als nächstes von jüdischen Organisationen in Kanada angegriffen. Mit der Behauptung, ich sei »der überwiegenden Mehrheit der Juden auf diesem Kontinent ein Greuel«, prangerte der Canadian Jewish Congress (CJC) an, daß Frau Birn an diesem Buch mitgearbeitet hatte. Über ihren Arbeitgeber machte der CJC Druck und reichte eine Beschwerde beim Justizministerium ein. Zusammen mit einem vom CJC unterstützten Bericht, der Birn als »Mitglied der Rasse der Täter« (sie ist in Deutschland geboren) bezeichnete, löste diese Beschwerde eine offizielle Ermittlung gegen sie aus.

Auch nach dem Erscheinen des Buches ließen die persönlichen Angriffe nicht nach. Goldhagen behauptete, Birn, die die Verfolgung von Nazi-Kriegsverbrechern zu ihrer Lebensaufgabe gemacht hat, vertrete eine antisemitische Einstellung, und ich selbst sei der Meinung, die Opfer der Nazis einschließlich meiner eigenen Familie hätten den Tod verdient.[49] Goldhagens Kollegen am Harvard Center for European Studies, Stanley Hoffmann und Charles Maier, stellten sich öffentlich hinter ihn.[50]

The New Republic bezeichnete die Vorwürfe, es handle sich um Zensur, als »Ente«, und hielt dagegen, daß »es einen Unterschied gibt zwischen Zensur und der Einhaltung von Standards«. Von den führenden Historikern des Nazi-Holocaust einschließlich Raul Hilberg, Christopher Browning und Ian Kershaw erhielt *Eine Nation auf dem Prüfstand* Rückendeckung. Eben diese Wissenschaftler verwarfen Goldhagens Buch; Hilberg nannte es »wertlos«. Standards, wie wahr.

Man sehe sich zum Schluß noch folgendes Beziehungsmuster an: Wiesel und Gutmann unterstützten Goldhagen, Wiesel unterstützte Kosinski, Gutman und Goldhagen unterstützten Wilkomirski. Man verbinde die Spieler miteinander: Das ist HOLOCAUST-Literatur.

Ungeachtet des ganzen Rummels gibt es keinen Beleg, daß die Leugner des Holocaust in den USA einen nennenswert größeren Einfluß ausüben als die Gesellschaft zur Unterstützung der Erdscheiben-Hypothese. Angesichts des Unsinns, den die Holocaust-Industrie täglich auf den Markt wirft, wundert man sich eher, warum es so *wenige* Skeptiker gibt. Das Motiv hinter der Behauptung, die Leugnung des Holocaust sei weit verbreitet, ist leicht zu finden. Wie anders sollte man in einer Gesellschaft, die bis oben hin mit DEM HOLOCAUST gesättigt ist, immer noch weitere Museen, Bücher, Lehrpläne, Filme und Programme rechtfertigen, als damit, das Gespenst der Leugnung des Holocaust heraufzubeschwören? So wurden Deborah Lipstadts gefeiertes Buch *Leugnen des Holocaust. Rechtsextremismus mit Methode*[51] sowie das Ergebnis einer unglücklich formulierten Umfrage des American Jewish Committee, derzufolge die Leugnung des Holocaust[52] um sich greife, just zur Eröffnung des Washington Holocaust Memorial Museum veröffentlicht.

Leugnen des Holocaust ist eine aufgefrischte Version der Schriften zum »neuen Antisemitismus«. Um zu belegen, wie verbreitet die Leugnung des Holocaust sei, zitiert Lipstadt eine Handvoll verquerer Veröffentlichungen. Ihr Stein des Anstoßes ist Arthur Butz, eine unbedeutende Figur, der an der Northwestern University Elektrotechnik lehrt und sein Buch *The Hoax of the Twentieth Century* bei einem obskuren Verlag herausgebracht hat. Lipstadt betitelt das Kapitel über ihn »Vordringen in die Mehrheitsmeinung«. Niemand hätte je von Arthur Butz gehört, wenn nicht Leute wie Lipstadt auf ihn aufmerksam gemacht hätten.

Der einzige, der dem Mainstream zuzurechnen ist und einen Holocaust leugnet, ist in Wahrheit Bernard Lewis. Ein französisches Gericht hat Lewis sogar wegen Leugnung des Völkermords verurteilt. Doch Lewis verneinte den Völkermord, den die Türken während des Ersten Weltkriegs an den Armeniern verübt hatten, nicht den Völkermord der Nazis an den Juden, und Lewis ist pro-israelisch eingestellt.[53] Dementsprechend brachte dieses Beispiel der Leugnung eines Holocaust in den Vereinigten Staaten niemanden auf die Palme. Die Türkei ist ein Verbündeter Israels, das die Dinge fast noch mehr beschönigt. Deshalb ist es tabu, einen Völkermord an den Armeniern zu erwähnen. Sowohl Elie Wiesel und Rabbi Arthur Hertzberg als auch der AJC und das Yad Vashem verließen eine internationale Konferenz zum Thema Völkermord in Tel Aviv, weil die akademischen Veranstalter entgegen dem Drängen der israelischen Regierung auch Sitzungen zum Fall der Armenier eingeplant hatten. Außerdem bemühte sich Wiesel einseitig, die Konferenz abzubrechen, und bearbeitete, Yehuda Bauer zufolge, andere persönlich, nicht daran teilzunehmen.[54] Auf Israels Geheiß sorgte der Holocaust Council der Vereinigten Staaten dafür, daß die Armenier im Washington Holocaust Memorial Museum praktisch nicht erwähnt werden, und jüdische Lobbyisten im Kongreß verhinderten einen Gedenktag für den armenischen Genozid.[55]

Wenn die Aussage eines Überlebenden in Frage gestellt oder die Rolle der jüdischen Kollaborateure angeprangert wird, wenn vorgebracht wird, Deutsche hätten während der Bombardierung Dresdens gelitten oder irgendwelche anderen Staaten außer Deutschland hätten im Zweiten Weltkrieg Kriegsverbrechen begangen – dann sind das laut Lipstadt alles Belege für eine Leugnung des Holocaust[56]. Und wenn man sagt, Wiesel habe von der Holocaust-Industrie profitiert, oder ihn persönlich in Frage stellt, so läuft das auf ein Abstreiten des Holocaust hinaus.[57]

Die »bösartigsten« Formen der Leugnung des Holocaust sind, wie Lipstadt vorbringt, die »unmoralischen Gleichsetzungen« – das heißt, die Verneinung der Einzigartigkeit DES HOLOCAUST.[58] Dieses Argument bringt faszinierende Folgerungen mit sich. Daniel Goldhagen vertritt den Standpunkt, daß die serbischen Aktionen im Kosovo »sich ihrem Wesen nach nur durch die Größenordnung von denen Nazideutschlands unterscheiden«.[59] Das würde Goldhagen »seinem Wesen nach« zu einem Leugner des Holocaust machen. Tatsächlich verglichen israelische Kommentatoren – quer durch das gesamte politische Spektrum – Serbiens Vorgehen im Kosovo mit Israels Vorgehen gegen die Palästinenser im Jahre 1948.[60] Nach Goldhagens Einschätzung hätte Israel damals also einen Holocaust begangen. Das behaupten nicht einmal mehr Palästinenser.

Jedoch ist nicht die gesamte revisionistische Literatur – wie skurril die politischen Ansichten oder die Motive ihrer Anhänger auch sein mögen – vollkommen nutzlos. Lipstadt brandmarkt David Irving als »einen der gefährlichsten Sprecher der Holocaust-Leugner« (er hat in England vor kurzem eine Verleumdungsklage gegen sie verloren, die er wegen dieser und anderer Behauptungen angestrengt hatte). Doch Irving, ein notorischer Bewunderer Hitlers und Sympathisant des deutschen Nationalsozialismus, dessen Meinungen scharf abzulehnen sind, hat ungeachtet dessen, wie Gordon Craig feststellt, einen »unentbehrlichen« Beitrag zu unserem Wissen über den Zweiten Weltkrieg geleistet.

Sowohl Arno Mayer in seiner bedeutenden Studie über die Massenvernichtung der Juden durch die Nazis als auch Raul Hilberg zitieren Veröffentlichungen, die den Holocaust leugnen. »Wenn diese Leute reden wollen, soll man sie lassen«, meint Hilberg. »Das bringt jene von uns, die Forschung treiben, dazu, Dinge, die wir vielleicht als offensichtlich erachtet haben, erneut zu überprüfen. Und das ist nützlich für uns.«[61]

Holocaust-Gedenktage sind ein nationales Ereignis. Alle 50 Bundesstaaten veranstalten Gedenkfeiern, häufig in Räumen der jeweiligen Parlamente. Die Vereinigung der Holocaust-Organisationen führt mehr als 100 Holocaust-Institutionen in den Vereinigten Staaten auf. Sieben große Holocaust-Museen sind über ganz Amerika verteilt. Kernstück dieses Angedenkens ist das United States Holocaust Memorial Museum in Washington.

Die erste Frage ist, weshalb es überhaupt ein von der (amerikanischen) Bundesregierung beauftragtes und finanziertes Holocaust-Museum in der Hauptstadt des Landes gibt. Diese Einrichtung an der Washington Mall verträgt sich insbesondere nicht mit der Tatsache, daß hier kein Museum existiert, welches der Verbrechen in Laufe der amerikanischen Geschichte gedenkt. Man stelle sich das Klagegeschrei hierzulande [in den USA, Anm. d. dt. Verlages] gegen die Heuchelei der Deutschen vor, wenn diese in Berlin ein Nationalmuseum zum Gedenken nicht des Nazi-Völkermords, sondern der Sklaverei in Amerika oder der Auslöschung der amerikanischen Ureinwohner errichten würden.[62]

Sein Schöpfer schreibt über das Holocaust-Museum, es sei »sehr darum bemüht, sich jeglichen Versuchs einer Indoktrination zu enthalten«, »jeder Manipulation der Eindrücke oder Emotionen«. Doch von der Planung bis zur Fertigstellung war das Museum in die Politik verstrickt.[63] Angesichts der anstehenden Kampagne für seine Wiederwahl regte Jimmy Carter das Projekt an, um jüdische Spender und Wähler zu beschwichtigen, die wegen der Anerkennung der »legitimen Rechte« der Palästinenser durch den Präsidenten aufgebracht waren. Der Vorsitzende der Präsidentenkonferenz der großen amerikanischen Judenorganisationen, Rabbi Alexander Schindler, beklagte Carters Anerkennung der Palästinenser als Menschen als »schockierenden« Vorstoß. Carter verkündete die Pläne für das Museum, während der israelische Premierminister Menachem Begin Washington besuchte und eine erbitterte Redeschlacht im Kongreß über die von der Regierung vorgeschlagenen Waffenverkäufe an Saudi-Arabien tobte. Auch andere politische Themen scheinen in dem Museum auf. So verschweigt es den christlichen Hintergrund des europäischen Antisemitismus, um eine mächtige Wählerschicht nicht zu verprellen. Es spielt die diskriminierenden Einwanderungsquoten der USA vor dem Krieg herunter, übertreibt die Rolle der Vereinigten Staaten bei der Befreiung der Konzentrationslager und geht stillschweigend über die umfangreiche Anwerbung von Nazi-Kriegsverbrechern durch die USA bei Kriegsende hinweg. Die übergreifende Botschaft des

Museums lautet, daß »wir« uns derart böse Taten nicht einmal vorstellen, geschweige denn sie begehen könnten. Der Holocaust »läuft dem amerikanischen Ethos zuwider«, merkt Michael Berenbaum im Begleitbuch des Museums an. »Daß er begangen wurde, betrachten wir als Verletzung aller wesentlichen Werte Amerikas.« Mit den abschließenden Szenen jüdischer Überlebender, die darum kämpfen, nach Palästina einreisen zu dürfen, führt das Holocaust-Museum die zionistische Lektion vor, daß Israel die »angemessene Antwort auf den Nationalsozialismus« war.[64]

Die Politisierung beginnt sogar schon, ehe man die Schwelle des Museums überschreitet. Es liegt am Raoul-Wallenberg-Platz. Wallenberg, ein schwedischer Diplomat, wird geehrt, weil er Tausende von Juden rettete und in einem sowjetischen Gefängnis starb. Der Schwede Graf Folke Bernadotte, der auch Tausende von Juden gerettet hat, wird nicht geehrt, denn der spätere israelische Premierminister Yitzak Shamir hatte seine Ermordung befohlen, weil er »proarabisch« eingestellt gewesen sei.[65]

Die Crux der Politik der Holocaust-Museen liegt jedoch darin, *wessen* eigentlich gedacht werden soll. Waren die Juden die einzigen Opfer des Holocaust, oder zählen andere, die der Verfolgung durch die Nazis ausgeliefert waren, ebenfalls als Opfer?[66] Während der Planungsphase des Museums setzte sich Elie Wiesel (zusammen mit Yehuda Bauer vom Yad Vashem) an die Spitze derer, die dort ausschließlich der Juden gedenken wollten. Wiesel, dem man sich als dem »unbestrittenen Experten für die Zeit des Holocaust«

unterwarf, stritt hartnäckig für den Vorrang des jüdischen Opferstatus. »Wie immer fingen sie mit den Juden an«, tönte er in typischer Weise. »Wie immer hörten sie nicht bei den Juden allein auf.«[67] Doch die ersten politischen Opfer des Nationalsozialismus waren Kommunisten, und die ersten Opfer des Nazi-Massenmords waren Behinderte.[68]

Die größte Herausforderung für das Holocaust-Museum bestand darin, den Vorrang vor dem Völkermord an den Zigeunern zu rechtfertigen. Die Nazis hatten eine halbe Million Zigeuner systematisch ermordet, was proportional zur Bevölkerung grob den Verlusten beim Völkermord an den Juden entspricht.[69] Holocaust-Autoren wie Yehuda Bauer behaupteten, die Zigeuner seien nicht im selben Ausmaß dem Genozid zum Opfer gefallen wie die Juden. Angesehene Holocaust-Historiker wie Henry Friedlander und Raul Hilberg dagegen haben die Ansicht vertreten, dies sei der Fall gewesen.[70]

Hinter der Tatsache, daß das Museum den Zigeuner-Genozid an den Rand schob, lauerten mehrere Motive. Erstens: Den Verlust des Lebens von Zigeunern konnte man einfach nicht mit dem Verlust jüdischen Lebens vergleichen. Die Forderung nach einem Vertreter der Zigeuner im US Holocaust Memorial Council bezeichnete Rabbi Seymour Siegel, der geschäftsführende Direktor, als »mies«; er bezweifelte, ob die Zigeuner als Volk überhaupt »existierten«: »Es müßte eine gewisse Anerkennung des Volks der Zigeuner vorhanden sein …, wenn es so etwas überhaupt gibt.« Immerhin gab er zu, daß »es unter den Nazis einen leidenden

Teil gab«. Edward Linenthal erinnert sich an das »tiefe Mißtrauen« der Vertreter der Zigeuner gegenüber dem Rat, »gespeist von der offenkundigen Tatsache, daß einige Ratsmitglieder eine Beteiligung der Roma so behandelten, wie eine Familie mit unwillkommenen, störenden Verwandten umgeht«.[71]

Zweitens: Wenn man den Genozid an den Zigeunern anerkannte, bedeutete das den Verlust einer exklusiven jüdischen Lizenz für DEN HOLOCAUST, was einen entsprechenden Verlust jüdischen »moralischen Kapitals« mit sich brachte. Drittens: Falls die Nazis Zigeuner wie Juden in gleicher Weise verfolgt hatten, war das Dogma, wonach DER HOLOCAUST den Höhepunkt eines tausendjährigen Hasses der Nichtjuden auf die Juden bezeichnete, eindeutig unhaltbar. Und ebenso, falls der Neid der Nichtjuden den Genozid an den Juden antrieb, war es dann auch Neid, der den Genozid an den Zigeunern antrieb? In der ständigen Ausstellung des Museums wird den nichtjüdischen Opfern des Nationalsozialismus nur pro forma Anerkennung zuteil.[72]

Schließlich ist die politische Agenda des Holocaust-Museums auch noch durch den israelisch-palästinensischen Konflikt geformt worden. Ehe er dem Museum als Direktor diente, verfaßte Walter Reich eine Lobrede auf Joan Peters' verlogenes Buch *From Time Immemorial,* in dem behauptet wird, vor der Besiedlung durch die Zionisten sei Palästina buchstäblich leer gewesen.[73] Auf Drängen des Außenministeriums wurde Reich gezwungen zurückzutreten, nachdem er sich geweigert hatte, Yassir Arafat, der mittlerweile ein willfähriger Verbündeter Amerikas geworden war, zu einem Besuch des Museums einzuladen. Dem Holocaust-Theologen John Roth, dem man die Stelle eines stellvertretenden Leiters angeboten hatte, wurde damals solange zugesetzt, bis er zurücktrat; er hatte in der Vergangenheit Israel kritisiert. Als der Vorsitzende des Museums Miles Lerman ein Buch, mit dem das Museum zunächst einverstanden gewesen war, ablehnte, weil es ein Kapitel von Benny Morris (einem bekannten israelischen Historiker und Kritiker Israels) enthielt, verkündete er: »Dieses Museum auf die Seite der Gegner Israels zu stellen – das ist unvorstellbar.«[74]

Im Kielwasser von Israels entsetzlichem Angriff gegen den Libanon im Jahre 1996, der in dem Massaker an mehr als hundert Zivilisten in Qana gipfelte, stellte der *Haaretz*-Kolumnist Ari Shavit fest, Israel könne straflos handeln, weil »wir die Anti-Defamation League … und Yad Vashem sowie das Holocaust Museum haben«.[75]

3. Kapitel

Doppelt abkassiert

Ursprünglich bezeichnete der Begriff »Überlebender des Holocaust« jene, die das einzigartige Trauma der jüdischen Ghettos, der Konzentrationslager und Sklavenarbeitslager, häufig eines nach dem anderen, durchlitten hatten. Die Zahl dieser Überlebenden des Holocaust bei Kriegsende wird allgemein auf etwa 100 000 geschätzt.[1] Mittlerweile dürfte nur noch ein Viertel dieser Überlebenden am Leben sein. Da es zur Krönung des Märtyrertums wurde, die Lager überstanden zu haben, bezeichneten sich viele Juden, die Krieg und Verfolgung anderswo überstanden hatten, ebenfalls als Überlebende *der Lager*. Ein weiteres starkes Motiv hinter dieser schiefen Darstellung lag jedoch im Materiellen. Die deutsche Nachkriegsregierung stellte Entschädigungen nur für Juden bereit, die in Ghettos oder Lagern gewesen waren. Viele Juden konstruierten sich deshalb eine entsprechende Vergangenheit.[2] »Wenn jeder, der behauptet, ein Überlebender der Lager zu sein, wirklich einer ist«, pflegte meine Mutter auszurufen, »wen hat Hitler dann umgebracht?«

In der Tat haben viele Wissenschaftler Zweifel an der Zuverlässigkeit der Aussagen Überlebender geäußert.

»Ein großer Prozentsatz der Fehler, die ich in meiner Arbeit entdeckt habe«, erinnert sich Hilberg, »konnte auf Aussagen von Zeugen zurückgeführt werden.« Selbst innerhalb der Holocaust-Industrie merkt beispielsweise Deborah Lipstadt ironisch an, daß Überlebende des Holocaust häufig behaupten würden, in Auschwitz von Josef Mengele persönlich untersucht worden zu sein.[3]

Neben den Unzulänglichkeiten der Erinnerung dürfte es noch weitere Gründe geben, die die Aussagen mancher Überlebender des Holocaust als zweifelhaft erscheinen lassen. Da Überlebende mittlerweile wie weltliche Heilige verehrt werden, wagt man nicht, sie in Frage zu stellen. Absurde Behauptungen läßt man kommentarlos durchgehen. In seinen gefeierten Memoiren erinnert Elie Wiesel sich, daß er kurz nach seiner Befreiung aus Buchenwald, gerade achtzehn Jahre alt, »... die *Kritik der reinen Vernunft* (lachen Sie nicht) in Jiddisch ... [las]«. Abgesehen von Wiesels Bekenntnis, daß er zu jener Zeit »... keine Ahnung von der jiddischen Grammatik« [hatte], wurde die *Kritik der reinen Vernunft* nie ins Jiddische übersetzt.[3a]

Wiesel erinnert sich auch in verästelten Einzelheiten an einen »mysteriösen Talmud-Gelehrten«, der »zu meiner großen Überraschung [...] nach zwei Wochen die ungarische Sprache beherrschte«. Einer jüdischen Wochenzeitschrift erzählt Wiesel, daß er »oft heiser wird oder seine Stimme verliert«, wenn er sich im Stillen seine Bücher »laut, für mich«, vorliest. Und gegenüber einem Reporter der *New York Times* fällt ihm wieder ein, einmal am Times Square von einem Taxi angefahren worden zu sein. »Ich flog einen ganzen Block weit davon. An der Ecke Broadway und 45. Straße bin ich angefahren worden, und an der 44. Straße hat mich die Ambulanz aufgelesen.« »Die Wahrheit, die ich vortrage, ist ungeschminkt«, seufzt Wiesel, »ich kann nicht anders.«[4]

In den letzten Jahren ist »Überlebender des Holocaust« umgedeutet worden; der Begriff bezeichnet jetzt nicht nur jene, die unter den Nazis litten, sondern auch jene, die es schafften, ihnen zu entgehen. Dazu gehören zum Beispiel mehr als 100 000 polnische Juden, die nach dem Einmarsch der Nazis in Polen in der Sowjetunion Zuflucht gefunden hatten. Doch »jene, die in Rußland gelebt haben, sind nicht anders behandelt worden als die übrigen Bürger des Landes«, merkt der Historiker Leonard Dinnerstein an, während »die Überlebenden der Konzentrationslager wie lebende Leichname aussahen«.[5] In einem Beitrag für eine Holocaust-Website meinte einer, er sei, obwohl er die Zeit des Krieges in Tel Aviv verbracht hatte, ein Holocaust-Überlebender, weil seine Großmutter in Auschwitz umgekommen ist. Wenn es nach Israel Gutman geht, ist Wilkomirski ein Überlebender des Holocaust, weil sein »Schmerz authentisch ist«. Das Büro des israelischen Premierministers Netanjahu bezifferte die Zahl der »noch lebenden Holocaust-Überlebenden« auf fast eine Million. Das Hauptmotiv hinter dieser inflationären Änderung ist auch hier leicht zu finden. Es ist schwierig, neue umfangreiche Ansprüche auf Wiedergutmachung durchzusetzen, wenn nur noch wenige Opfer des Holocaust am Leben sind. In der Tat hatten

Wilkomirskis Hauptkomplizen auf die eine oder andere Weise Zugang zum Netzwerk der Holocaust-Reparationen. Seine Kindheitsfreundin aus Auschwitz, die »kleine Laura«, kassierte Geld von einer schweizerischen Holocaust-Stiftung, obwohl sie eine in Amerika geborene Anhängerin von Satanskulten war. Seine israelischen Hauptförderer waren in Organisationen tätig, die in die Holocaust-Entschädigung einbezogen waren, oder sie wurden von diesen finanziell unterstützt.[6]

Die Frage der Wiedergutmachung liefert einzigartige Einblicke in die Holocaust-Industrie. Wie wir gesehen haben, war Deutschland als Verbündeter der USA im Kalten Krieg rasch rehabilitiert und die Massenvernichtung der Juden durch die Nazis vergessen. Dennoch trat Deutschland zu Beginn der fünfziger Jahre in Verhandlungen mit jüdischen Einrichtungen ein und unterzeichnete Abkommen über Entschädigungszahlungen. Bis heute hat es etwa 60 Milliarden Dollar ausbezahlt, was, wenn überhaupt, nur wenig äußeren Druckes bedurfte.

Hiermit vergleiche man zuerst die Bilanz Amerikas. Infolge der Kriege der USA in Indochina starben etwa 4–5 Millionen Männer, Frauen und Kinder. Nach dem Abzug der Amerikaner benötigte Vietnam, wie ein Historiker schreibt, dringend Hilfe. »Im Süden waren 9000 von 15 000 Weilern, 10 Millionen Hektar Ackerland sowie 5 Millionen Hektar Wald zerstört; 1,5 Millionen Nutztiere waren getötet worden. Schätzungen zufolge gab es 200 000 Prostituierte, 879 000 Waisen, 181 000 Behinderte und 1 Million Witwen; alle sechs Industriestädte des Nordens waren schwer beschädigt, ebenso wie Provinz- und Distrikthauptstädte sowie

4000 von 5800 landwirtschaftlichen Gemeinden.« Doch Präsident Carter verweigerte jegliche Wiedergutmachung und erklärte, daß »die Zerstörung wechselseitig war«. William Cohen, Verteidigungsminister unter Präsident Clinton, verkündete, er sehe keine Notwendigkeit für »irgendwelche Entschuldigungen, was den Krieg selbst betrifft«, und äußerte ebenfalls die Meinung: »Beide Länder haben durch ihn gelitten. Sie haben von dem Krieg Narben zurückbehalten. Sicherlich haben auch wir welche.«[7]

Im Rahmen von drei verschiedenen Abkommen, die 1952 unterzeichnet wurden, war die deutsche Regierung bestrebt, jüdische Opfer zu entschädigen. Anspruchsberechtigte Einzelpersonen erhielten Zahlungen nach dem Bundesentschädigungsgesetz. Ein separates Abkommen mit Israel stellte Subventionen für die Eingliederung und Rehabilitation mehrerer hunderttausend jüdischer Flüchtlinge bereit. Gleichzeitig verhandelte die deutsche Regierung mit der Conference on Jewish Material Claims Against Germany, einer Dachorganisation aller großen jüdischen Organisationen (darunter das American Jewish Committee, der American Jewish Congress, B'nai B'rith, das Joint Distribution Committee und so weiter), über eine finanzielle Regelung. Man nahm an, die Claims Conference würde die Gelder, zwölf Jahre lang jeweils 10 Millionen Dollar oder etwa eine Milliarde Dollar nach heutigem Wert, für jüdische Opfer der Naziverfolgung verwenden, die im Entschädigungsprozeß durch das Raster gefallen waren.[8] Meine Mutter war ein solcher Fall. Als Überlebende des Warschauer Ghettos, des Konzentrationslagers Majdanek und der Zwangsarbeits-Lager von Czestochowa und Skarszysko-Kamiena bekam sie von der deutschen Regierung nur 3500 Dollar Entschädigung. Andere jüdische Opfer (und viele, die in Wahrheit keine waren) erhielten von Deutschland jedoch lebenslange Pensionen, die sich schließlich zu mehreren hunderttausend Dollar summierten. Die Gelder, die der Claims Conference übergeben wurden, waren jenen jüdischen Opfern zugedacht, die nur minimale Entschädigungen bekommen hatten.

Die deutsche Regierung war in der Tat bestrebt, in der Vereinbarung mit der Claims Conference ausdrücklich festzuhalten, daß die Gelder ausschließlich an genau bezeichnete jüdische Überlebende gehen sollten, die von deutschen Gerichten unfair oder unangemessen entschädigt worden waren. Die Konferenz zeigte sich empört, daß man ihre guten Absichten in Zweifel zog. Nachdem man sich geeinigt hatte, gab die Konferenz eine Presseverlautbarung heraus, in der betont wurde, daß die Gelder für »jüdische Verfolgte des Naziregimes« verwendet würden, »bei denen die bestehenden und vorgeschlagenen Gesetze keine Lösung bieten können«. In der letzten Übereinkunft wurde die Konferenz aufgefordert, die Gelder »zur Betreuung, Rehabilitation und Wiederansiedlung jüdischer Opfer« einzusetzen.

Die Claims Conference »annullierte« das Abkommen umgehend. Sie verstieß nämlich in flagranter Weise gegen seinen Wortlaut und seinen Geist, als sie die Gelder nicht für die Rehabilitation jüdischer Opfer vorsah, sondern vielmehr für die Wiederherstellung jüdischer *Gemeinden*. Tatsächlich verbot eine Richtlinie der Claims Conference sogar, Gelder für »direkte Zuwendungen an Einzelpersonen« zu verwenden. In einem klassischen Beispiel von Selbstbedienung schuf die Konferenz jedoch Ausnahmen für zwei Kategorien von Opfern: Rabbis und »herausragende jüdische Führungspersönlichkeiten« erhielten individuelle Zahlungen. Die in der Claims Conference zusammengeschlossenen Organisationen verwendeten den Hauptteil der Gelder zur Finanzierung ihrer verschiedenen Lieblingsprojekte. Was immer die eigentlichen jüdischen Opfer (wenn überhaupt) an Zuwendungen erhielten, erreichte sie indirekt oder durch Zufall.[9] Große Summen wurden auf verschlungenen Wegen an jüdische Gemeinden in der arabischen Welt weitergeleitet und halfen, die Auswanderung von Juden aus Osteuropa zu erleichtern.[10] Außerdem unterstützte man mit ihnen kulturelle Vorhaben wie Holocaust-Museen und Lehrstühle für die Holocaust-Forschung sowie für ein Vorzeigeprojekt des Yad Vashem, das »gerechten Nichtjuden« eine Pension zukommen läßt.

Vor kurzem versuchte die Claims Conference, sich reprivatisiertes jüdisches Eigentum in den neuen Bundesländern im Wert von mehreren hundert Millionen Dollar anzueignen, das von Rechts wegen lebenden jüdischen Erben zusteht. Als die Konferenz deswegen und wegen anderer Mißstände von betrogenen Juden angegriffen wurde, verwünschte Rabbi Arthur Hertzberg beide Seiten und höhnte, daß »es nicht um Gerechtigkeit geht, es ist ein Kampf ums Geld«.[11] Wenn die Deutschen oder die Schweizer sich weigern, Entschädigungen zu zahlen, kann der Himmel die gerechte Entrüstung der organisierten Juden nicht fassen. Doch wenn jüdische Eliten jüdische Überlebende berauben, kommen keine ethischen Fragen auf: Es geht ja nur um Geld.

Auch wenn meine verstorbene Mutter nur 3500 Dollar Entschädigung erhielt, haben andere, die am Reparationsverfahren teilhatten, recht gut abgeschnitten. Angeblich beläuft sich das Jahresgehalt von Saul Kagan, lange Zeit Erster Sekretär der Claims Conference, auf 105 000 Dollar. Zwischen den Arbeitsphasen bei der Konferenz wurde Kagan in 33 Anklagepunkten wegen vorsätzlicher Zweckentfremdung von Geldern und Krediten in seiner Funktion als Vorstand einer New Yorker Bank verurteilt. (Das Urteil wurde erst nach mehreren Berufungsverfahren aufgehoben.) Alfonse D'Amato, der ehemalige Senator von New York, vertritt Holocaust-Klagen gegen deutsche und österreichische Banken für ein Honorar von 350 Dollar pro Stunde plus Spesen. Für seine Bemühungen in den ersten sechs Monaten nahm er 103 000 Dollar ein. Zuvor pries Wiesel D'Amato öffentlich für dessen »Einfühlungsvermögen in jüdisches Leid«. Lawrence Eagleburger, Minister unter Präsident Bush, verdient als Vorsitzender der Internationalen Kommission für Versicherungsansprüche aus der Zeit des Holocaust ein Gehalt von 300 000 Dollar jährlich. »Was immer man ihm bezahlt«, meinte Elan Steinberg vom World Jewish Congress, »ist in jeder Hinsicht gut angelegt.« Was meine Mutter für sechs Jahre Leiden unter der Nazi-Verfolgung erhielt, kassiert Kagan in zwölf Tagen, Eagleburger in vier Tagen und D'Amato in zehn Stunden.[12]

Der Preis für den umtriebigsten Holocaust-Händler geht jedoch mit Sicherheit an Kenneth Bialkin. Jahrzehntelang war er eine bekannte jüdische Führungspersönlichkeit in den USA, er leitete die ADL und war Vorsitzender der Präsidentenkonferenz der großen jüdischen Organisationen in Amerika. Derzeit vertritt Bialkin für eine – so hört man – »hohe Geldsumme« die Versicherungsgesellschaft Generali *gegen* die Eagleburger-Kommission.[13]

In den letzten Jahren ist die Holocaust-Industrie geradezu zu einem erpresserischen Geschäft geworden. Unter dem Vorwand, die Juden in aller Welt, ob lebendig oder tot, zu vertreten, erhebt sie in ganz Europa Anspruch auf jüdische Besitztümer aus der Zeit des Holocaust. Dieses doppelte Abkassieren sowohl bei europäischen Ländern als auch bei Juden mit legitimen Ansprüchen, das man passend als »letztes Kapitel des Holocaust« tituliert hat, zielte zunächst auf die Schweiz.

Zuerst möchte ich die Anschuldigungen anführen, die man gegen die Schweiz erhob. Anschließend wende ich mich den Beweisen zu, wobei ich zeigen werde, daß viele der Vorwürfe nicht nur auf Täuschung beruhten, sondern sich sogar viel besser auf jene anwenden lassen, die sie vorbringen, als auf die, für die sie gedacht waren.

Beim Gedenken an den fünfzigsten Jahrestag des Endes des Zweiten Weltkriegs bat der schweizerische

Präsident im Mai 1995 formell dafür um Entschuldigung, daß man den Juden während der Massenvernichtung durch die Nazis keine Zuflucht gewährt hatte.[14] Etwa zur gleichen Zeit kamen auch wieder Diskussionen über die seit langem schwelende Frage nach den jüdischen Vermögenswerten auf, die vor und während des Krieges auf schweizerischen Konten deponiert worden waren. In einer weitverbreiteten Story zitierte ein israelischer Journalist ein Dokument – es wurde, wie sich herausstellte, falsch interpretiert –, welches bewies, daß in Schweizer Banken noch immer jüdische Konten aus der Zeit des Holocaust im Wert von mehreren Milliarden Dollar existierten.[15]

Der Jüdische Weltkongreß – eine Organisation, die sich bis zu der Kampagne, die Kurt Waldheim als Kriegsverbrecher bloßstellte, im Niedergang befand – stürzte sich auf diese neue Gelegenheit, seine Muskeln spielen zu lassen. Schon früh war klar, daß die Schweiz eine leichte Beute sein würde. Wenige würden mit den reichen Bankiers der Schweiz sympathisieren, denen die »bedürftigen Überlebenden des Holocaust« gegenüber standen. Was jedoch wichtiger war: Die Schweizer Banken waren überaus anfällig für wirtschaftliche Pressionen seitens der USA.[16]

Ende 1995 trafen Edgar Bronfman, der Präsident des WJC und Sohn eines offiziellen Mitglieds der Jewish Claims Conference, und Rabbi Israel Singer, Generalsekretär des WJC und Immobilien-Tycoon, mit den schweizerischen Bankiers zusammen.[17] Bronfman, Erbe des Seagram Spirituosen-Vermögens (sein persönlicher Besitz wird auf 3 Milliarden Dollar geschätzt), informierte später den Bankenausschuß des Senats bescheiden, er spreche »im Namen des jüdischen Volkes« wie auch »jener 6 Millionen, die nicht für sich sprechen können«.[18] Die schweizerischen Bankiers erklärten, sie könnten nur 775 nachrichtenlose Konten im Wert von insgesamt 32 Millionen Dollar ausfindig machen. Diese Summe boten sie als Grundlage für Verhandlungen mit dem Jüdischen Weltkongreß an, der sie als unzureichend zurückwies. Im Dezember 1995 tat sich Bronfman mit Senator D'Amato zusammen. Da D'Amatos Umfragewerte auf dem Tiefpunkt waren und ein Senats-Wahlkampf bevorstand, kostete er diese Möglichkeit aus, sein Ansehen bei der jüdischen Gemeinde mit ihren entscheidenden Wählerstimmen und den wohlhabenden politischen Spendern zu verbessern. Bevor die Schweizer schließlich auf die Knie gezwungen wurden, hatte der Jüdische Weltkongreß, der die ganze Bandbreite der Holocaust-Einrichtungen (einschließlich des US Holocaust Memorial Museums und des Simon-Wiesenthal-Zentrums) einsetzte, das gesamte politische Establishment der Vereinigten Staaten mobilisiert. Von Präsident Clinton, der sein Kriegsbeil mit D'Amato (die Whitewater-Hearings waren noch nicht abgeschlossen) begrub, um zu Hilfe zu kommen, über elf Regierungseinrichtungen sowie Parlament und Senat, bis hinunter zu Behörden von Bundesstaaten und Gemeinden im ganzen Land, kamen Pressionen beider Parteien zum Tragen, und ein Amtsträger nach dem anderen reihte sich ein, um die perfiden Schweizer anzuklagen.

Die Holocaust-Industrie benutzte die Banken-Komitees von Parlament und Senat als Sprungbrett, um eine schamlose Diffamierungskampagne in Gang zu setzen. Mit einer unendlich willfährigen und leichtgläubigen Presse, die bereit war, jeder noch so absurden Story, die mit dem Holocaust zu tun hatte, Schlagzeilen zu widmen, erwies sich die Schmutzkampagne als unaufhaltsam. Gregg Rickman, D'Amatos wichtigster Berater in Fragen der Gesetzgebung, brüstet sich in seinem Bericht, daß die schweizerischen Bankiers »in das Gericht der öffentlichen Meinung« gezwungen worden seien, »wo wir die Tagesordnung bestimmten. Die Bankiers mußten auf unserem Platz antreten, und praktischerweise waren wir zugleich Richter, Geschworene und Vollstrecker.« Tom Bower, in der anti-schweizerischen Kampagne einer der wichtigsten Rechercheure, nennt die Forderung D'Amatos nach einer Anhörung eine »verharmlosende Bezeichnung für einen Schauprozeß oder ein Femegericht«.[19]

Das Sprachrohr der gegen die Schweiz gerichteten geballten Macht war der geschäftsführende Direktor des WJC, Elan Steinberg. Seine Hauptaufgabe war es, Desinformation zu verbreiten. Bower schreibt: »Durch immer neue peinliche Enthüllungen Angst zu erzeugen und bedenkenlos Anschuldigungen in die Welt zu setzen, das waren Steinbergs Waffen. Die Berichte des OSS [Office of Strategic Services, ein amerikanischer Geheimdienst im Zweiten Weltkrieg; Anm. d. Ü.], die häufig auf Gerüchten und unbestätigten Quellen beruhten und von den Historikern jahrelang als bloßes Gemunkel abgetan worden waren, galten plötzlich als uneingeschränkt glaubwürdig und fanden breite öffentliche Aufmerksamkeit.« »Das letzte, was die Banken brauchen, ist negative Publicity«, erklärte Rabbi Singer. »Wir machen weiter, bis die Banken sagen: ›Genug. Wir wollen einen Kompromiß.‹« Rabbi Marvin Hier, Präsident des Simon-Wiesenthal-Zentrums, den es ebenfalls ins Rampenlicht drängte, stellte die aufsehenerregende Behauptung auf, die Schweizer hätten jüdische Flüchtlinge in »Zwangsarbeitslager« eingesperrt. (Gemeinsam mit Sohn und Ehefrau betreibt Hier das Simon-Wiesenthal-Zentrum als Familienbetrieb; 1992 bezogen die Hiers zusammen 520 000 Dollar an Gehältern. Das Zentrum ist bekannt für die »Dachau-meets-Disneyland«-Ausstellungen seines Museums und »den erfolgreichen Einsatz sensationsträchtiger Schockverfahren bei der Spendenbeschaffung«.) »Angesichts des Medien-Sperrfeuers, in dem sich Wahrheit und Vermutung, Tatsachen und Fiktion mischen«, folgert Itamar Levin, »ist leicht zu verstehen, weshalb viele Schweizer glauben, ihr Land sei das Opfer einer Art internationaler Verschwörung geworden.«[20]

Die Kampagne verkam rasch zu einer Verleumdung der Schweizer. So schreibt Bower in einer von D'Amatos Büro und dem Simon-Wiesenthal-Zentrum getragenen Studie in typischer Diktion, daß »ein Land, dessen Bürger … sich … vor ihren Nachbarn ihres beneidenswerten Wohlstands gerühmt haben, sich ganz bewußt am Gold der Juden bereichert hat«; daß »die stillen Bankiers … aus der schönen, sauberen und neutralen Schweiz … gewissenlose Profiteure« gewesen seien; daß »Unehrlichkeit ein kultureller Kodex war, den einzelne Schweizer beherrschten, um das Image und den Wohlstand der Nation zu schützen«; daß die Schweizer »[eine] Nase für saftige Profite [hatten]« (nur die Schweizer?); daß »Eigennutz die oberste Maxime aller Schweizer Banken [war]« (nur der Schweizer Banken?); daß »die kleine verschworene Gruppe der Schweizer Bankiers ... immer gieriger und unmoralischer geworden [war]«; daß »die Schweizer Diplomaten ... im Verschleiern von zwielichtigen Manövern [...] Experten waren« (nur die schweizerischen Diplomaten?); daß »Entschuldigungen und Rücktritte in der Schweiz nicht gerade Tradition hatten« (anders als bei uns?); daß »die Gier der Schweizer unglaublich [war]«; daß »Schlichtheit und Doppelzüngigkeit den schweizerischen Charakter« ausmacht; daß »hinter dem Anschein von Höflichkeit eine Schicht von verbohrter Rechtschaffenheit lag, und dahinter wiederum ein solides egoistisches Unverständnis für die Meinung aller anderen«;* daß die Schweizer »nicht nur ein besonders plumpes Volk waren, das keine Künstler, nach Wilhelm Tell keine Helden und keinen Staatsmann hervorgebracht hat, sondern außerdem noch unehrliche Nazi-Kollaborateure, die vom Völkermord profitiert hatten«.* [Die mit * gekennzeichneten Zitate sind in der deutschen Ausgabe von Bower, *Das Gold,* nicht enthalten, in der englischen Fassung (*Nazi Gold,* New York 1998) befinden sie sich auf den Seiten 240 bzw. 334 (Anm. d. Ü.).] Und so weiter. Rickman verweist auf die »tiefere Wahrheit« über die Schweizer: »Ganz weit unten, vielleicht tiefer, als sie es gedacht hätten, existierte in ihrer Veranlagung eine verborgene Überheblichkeit im Hinblick auf sich selbst und gegen andere. So sehr sie es auch versuchten, sie konnten ihre Kinderstube nicht verleugnen.«[21] Viele dieser Verunglimpfungen haben eine bemerkenswerte Ähnlichkeit mit den Beleidigungen, die von Antisemiten gegenüber Juden geäußert werden.

Der Hauptvorwurf lautete, daß es, mit den Worten von Bowers [englischem] Untertitel, »eine fünfzig Jahre dauernde Verschwörung von Schweizern und Nazis« gegeben habe, »um von den europäischen Juden und Überlebenden des Holocaust Milliarden zu stehlen«. Nach einer Formulierung, die zum Mantra der Geschäftemacherei mit der Rückgabe von Holocaust-Besitztümern gewordenen ist, stellte das »den größten Raubzug in der Geschichte der Menschheit« dar. Für die Holocaust-Industrie gehören alle jüdischen Angelegenheiten in eine eigene Kategorie der Superlative – *das* Schlimmste, *das* Größte ...

Zunächst behauptete die Holocaust-Industrie, Schweizer Banken hätten gesetzlichen Erben von Holocaust-Opfern systematisch den Zugang zu nachrichtenlosen Konten mit einem Wert von 7 bis 10 Milliarden Dollar verweigert. »Während der letzten fünfzig Jahre«, schrieb *Time* in einer Titelgeschichte, sei es eine »Generalanweisung« der Schweizer Banken »gewesen, Überlebende des Holocaust hinzuhalten und abzuwehren, wenn sie sich nach den Konten ihrer verstorbenen Verwandten erkundigten«. Mit einem Hinweis auf die Geheimhaltungsvorschriften, die die Schweizer Banken 1934 zum Teil deswegen erlassen hatten, weil sie verhindern wollten, daß jüdische Anleger von den Nazis abkassiert wurden, trug D'Amato dem Bankenausschuß des Kongresses vor: »Ist es nicht eine Ironie, daß genau das System, mit dem die Leute ermutigt wurden, Konten zu eröffnen – daß genau dessen Geheimhaltungsvorschriften dann dazu benutzt wurden, eben diesen Leuten und deren Erben ihr Erbe, ihr Recht zu verweigern? Man hat es pervertiert, verdreht, in sein Gegenteil verkehrt.«

Atemlos erzählt Bower, wie ein entscheidendes Beweisstück für die schweizerische Perfidie gegenüber Holocaust-Opfern entdeckt wurde: »Glück und Fleiß [brachten] eine kostbare Information zu Tage, und sie bestätigte die Berechtigung von Bronfmans Klage. Ein Geheimdienstbericht aus der Schweiz vom Juli 1945 erwähnte, daß Jacques Salmanovitz, der Eigentümer der Société Générale de Surveillance (SGS), eines Notariatsbüros und einer Treuhandfirma mit Kontakten zu den Balkanstaaten, eine Liste mit 182 jüdischen Klienten besaß. Sie hatten diesem Treuhänder 8,4 Millionen Schweizer Franken und etwa 90000 Dollar anvertraut, bevor sie aus den Balkanstaaten in die Schweiz gekommen waren. In dem Bericht wurde festgestellt, daß die Juden ihren Besitz noch nicht zurückgefordert hätten. Rickman und D'Amato waren begeistert.« Auch in seinem eigenen Bericht brandmarkt Rickman diesen »Beweis für schweizerische Kriminalität«. In diesem speziellen Kontext erwähnt jedoch keiner der beiden, daß Salmanovitz Jude war. (Welchen Wert diese Behauptungen tatsächlich haben, wird weiter unten behandelt.)[22]

Gegen Ende 1996 lieferte ein Auftritt älterer jüdischer Frauen und eines Mannes vor dem Bankenausschuß des Kongresses ein bewegendes Zeugnis für die Rechtsverstöße der Schweizer Bankiers. Doch laut Itamar Levin, einem Redakteur der größten israelischen

Wirtschaftszeitung, hatte keiner dieser Zeugen »einen wirklichen Beweis für die Existenz von Vermögenswerten bei Schweizer Banken«. Um den theatralischen Effekt dieser Zeugenaussage zu steigern, rief D'Amato Elie Wiesel als Zeugen auf. In seiner später weithin zitierten Aussage beteuerte Wiesel, er sei schockiert – schockiert! – gewesen von der Enthüllung, die Täter des Holocaust hätten versucht, Juden auszuplündern, ehe sie sie ermordeten: »Anfangs glaubten wir, die Endlösung sei allein durch eine vergiftete Ideologie motiviert gewesen. Nun wissen wir, daß sie nicht einfach, so schrecklich das klingen mag, nur Juden töten wollten: Sie wollten jüdisches Geld. Jeden Tag erfahren wir mehr über diese Tragödie. Gibt es denn für Schmerz keine Grenze? Keine Grenze für den Frevel?« Natürlich ist es kaum eine Neuigkeit, daß die Nazis die Juden ausplünderten; ein großer Teil von Raul Hilbergs 1961 veröffentlichter grundlegender Untersuchung, *Die Vernichtung der europäischen Juden,* ist der Enteignung der Juden durch die Nazis gewidmet.[23]

Man hat auch behauptet, die Schweizer Bankiers hätten die Einlagen von Holocaust-Opfern kassiert und systematisch entscheidende Unterlagen vernichtet, um die Spuren zu verwischen, und nur Juden seien derlei Scheußlichkeiten zugefügt worden. Bei einer Anhörung griff die Senatorin Barbara Boxer die Schweizer an und bekundete: »Dieser Ausschuß wird ein doppeltes Spiel der Schweizer Banken nicht hinnehmen. Erzählen Sie der Welt nicht, sie würden suchen, während sie Akten vernichten.«[24]

Doch leider erschöpfte sich der »propagandistische

Wert« (Bower) der älteren jüdischen Kläger, die die Perfidie der Schweizer bezeugten, recht schnell. Dementsprechend versuchte die Holocaust-Industrie einen neuen Skandal ausfindig zu machen. Die Begeisterung der Medien machte sich an dem von der Schweiz gekauften Gold fest, das die Nazis während des Krieges in den Zentralbanken Europas erbeutet hatten. Auch das war in Wahrheit längst bekannt, wurde aber als aufsehenerregende Enthüllung verkündet. Arthur Smith, der Autor einer Standarduntersuchung zu diesem Komplex, sagte bei der Anhörung des Repräsentantenhauses: »Ich habe mir den ganzen Morgen und heute nachmittag Dinge angehört, die in weitem Umfang schon seit einigen Jahren in ihren Grundzügen bekannt sind; ich bin überrascht, daß vieles als neu und sensationell dargestellt wird.« Bei diesen Anhörungen ging es jedoch nicht um Information, sondern (mit den Worten der Journalistin Isabel Vincent) darum, »sensationelle Stories zu bekommen«. Wenn man ausreichend mit Schlamm warf, konnte man durchaus davon ausgehen, daß die Schweiz klein beigeben würde.[25]

Das einzige wirklich Neue war die Behauptung, die Schweizer hätten wissentlich mit dem »Gold von Opfern« Handel getrieben. Das heißt, sie kauften große Mengen Gold auf, das die Nazis in Barren umgeschmolzen hatten, nachdem sie es Opfern der Konzentrations- und Todeslager abgenommen hatten. »Der WJC«, schreibt Bower, »brauchte ein emotional besetztes Thema, das den Holocaust und die Schweiz miteinander verknüpfte.« Dementsprechend sah man diese neuerliche Enthüllung schweizerischer Tücke als Geschenk des Himmels an. Es gab »nur wenige Bilder«, fährt Bower fort, »die aufwühlender waren als das Herausbrechen der Goldfüllungen aus den verzerrten Mündern toter Juden, die man aus den Gaskammern der Vernichtungslager gezogen hatte.« »Die Tatsachen sind sehr, sehr betrüblich«, brachte D'Amato bei der Anhörung vor dem Repräsentantenhaus in klagendem Tonfall vor, »weil sie uns von der Wegnahme und der Plünderung der Besitztümer aus Wohnungen und Nationalbanken berichten, von den Todeslagern, den Uhren und Armreifen und Brillengestellen aus Gold und den Zahnfüllungen der Menschen.«[26]

Neben den Vorwürfen, den Zugang zu Holocaust-Konten zu behindern und mit geplündertem Gold gehandelt zu haben, sahen die Schweizer sich auch mit der Anschuldigung konfrontiert, sie würden mit Polen und Ungarn gemeinsame Sache machen, um Juden zu betrügen. Hier hielt man ihnen vor, Gelder von nicht beanspruchten Schweizer Konten, die polnischen und ungarischen Staatsbürgern gehörten (die aber nicht alle Juden waren), würden von der Schweiz als Entschädigung für schweizerischen Besitz verwendet, den diese Regierungen verstaatlicht hatten. Rickman bezeichnet dies als »aufregende Enthüllung, eine, die den Schweizern die Socken von den Füßen reißen und einen Feuersturm verursachen wird«. Doch die Fakten waren schon weithin bekannt und in amerikanischen juristischen Zeitschriften der frühen fünfziger Jahre veröffentlicht worden. Und angesichts des ganzen Mediengeschreis belief sich die entsprechende Summe schließlich auf weniger als eine Million Dollar nach heutigem Wert.[27]

Bereits vor dem ersten Senatshearing über die nachrichtenlosen Konten im April 1996 hatten die Schweizer Banken eingewilligt, einen Untersuchungsausschuß einzurichten und sich dessen Ergebnissen zu unterwerfen. Der aus sechs Mitgliedern (jeweils drei von der World Jewish Restitution Organization und der Schweizerischen Bankenvereinigung) bestehende »unabhängige Ausschuß herausragender Persönlichkeiten«, dem Paul Volcker, früherer Vorsitzender der Notenbank der USA, vorstand, wurde im Mai 1996 mittels einer »Absichtserklärung« offiziell beauftragt. Außerdem ernannte die Schweizer Regierung im Dezember 1996 eine »unabhängige Expertenkommission« mit Jean-François Bergier als Vorsitzendem und dem bekannten israelischen Holocaust-Gelehrten Saul Friedländer; sie sollte den Goldhandel der Schweiz mit Deutschland während des Zweiten Weltkriegs untersuchen.

Doch ehe diese Gremien auch nur mit ihrer Arbeit beginnen konnten, drängte die Holocaust-Industrie auf einen finanziellen Vergleich mit der Schweiz. Die Schweizer protestierten, für jede Regelung müsse man selbstverständlich auf die Ergebnisse der Kommissionen warten; ansonsten laufe es auf »Nötigung und Erpressung« hinaus. Der Jüdische Weltkongreß spielte seine immerwährende Trumpfkarte aus und grämte sich wegen des Elends »bedürftiger Holocaust-Überlebender«. »Mein Problem ist die Zeit, die abläuft«, erklärte Bronfman gegenüber dem Bankenausschuß des Abgeordnetenhauses, »und ich habe all diese Holocaust-Überlebenden, die mir Sorgen machen.« Man fragt sich, weshalb der gramerfüllte Milliardär ihre Not nicht vorübergehend selbst lindern konnte. Als er einen schweizerischen Einigungsvorschlag über 250 Millionen zurückwies, schniefte Bronfman: »Keine Gefälligkeiten. Ich werde das Geld selbst geben.« Er tat es nicht. Die Schweiz willigte jedoch im Februar 1997 ein, einen »Sonderfonds für bedürftige Holocaust-Opfer« von 200 Millionen Dollar einzurichten, um »Personen, die Hilfe oder Unterstützung in besonderer Weise brauchen«, eine Überbrückung zu bieten, bis die Kommissionen ihre Arbeit vollendet hätten. (Der Fonds verfügte immer noch über Geld, als die Kommissionen von Bergier und Volcker ihre Berichte vorlegten.) Doch das Drängen der Holocaust-Industrie auf eine abschließende Regelung ließ nicht nach, sondern wurde eher noch stärker. Als die Schweiz erneut darum ersuchte, mit der Regelung zu warten, bis die Ergebnisse der Kommissionen vorlägen – schließlich war es der WJC gewesen, der diese moralische Abrechnung ursprünglich gefordert hatte –, traf sie damit weiterhin auf taube Ohren. Tatsächlich konnte die Holocaust-Industrie mit diesen Ergebnissen nur verlieren: Sollten sich am Ende nur wenige Ansprüche als legitim erweisen, würde das Vorgehen gegen die Schweizer Banken an Glaubwürdigkeit verlieren; falls die rechtmäßigen Anspruchsteller ausfindig gemacht würden (selbst wenn es sich dabei um eine große Anzahl handelte), wären die Schweizer nur verpflichtet, diese zu entschädigen, nicht aber die jüdischen Organisationen. Ein weiteres Mantra der Holocaust-Industrie lautet, daß es bei der Entschädigung »um Wahrheit und Gerechtigkeit geht, nicht um Geld«. »Es geht nicht um Geld«, witzelten die Schweizer nun. »Es geht um mehr Geld.«[28]

Die Holocaust-Industrie heizte nicht nur die öffentliche Hysterie an, sondern koordinierte auch eine zweigleisige Strategie, um die Schweizer »mit unablässigem Druck« (Bower) zur Unterwerfung zu zwingen: durch Sammelklagen und wirtschaftlichen Boykott. Anfang Oktober 1996 brachten Edward Fagan und Robert Swift im Namen von Gizella Weisshaus (ihr Vater hatte vor seinem Tod in Auschwitz davon gesprochen, daß er Geld in der Schweiz angelegt habe, doch die Banken hatten ihre Anfragen nach dem Krieg abgewiesen) und »anderen in ähnlicher Lage« die erste Sammelklage über insgesamt 20 Milliarden Dollar ein. Ein paar Wochen darauf erhob das Simon-Wiesenthal-Zentrum, das dafür die Anwälte Michael Hausfeld und Melvyn Weiss bestellte, eine zweite Sammelklage, und im Januar 1997 leitete der World Council of Orthodox Jewish Communities eine dritte in die Wege. Alle drei Klagen gingen bei Richter Edward Korman ein, einem Richter am US-Bezirksgericht in Brooklyn. Zumindest eine Prozeßpartei, der von Toronto aus agierende Rechtsanwalt Sergio Karas, beklagte diese Taktik: »Die Sammelklagen haben lediglich eine Massenhysterie hervorgebracht und eine scharfe Reaktion der Schweizer provoziert. Sie nähren nur den Mythos von den jüdischen Anwälten, denen es immer nur um Geld geht.« Paul Volcker sprach sich mit der Begründung gegen die Sammelklagen aus, daß sie »unsere Arbeit beeinträchtigen, möglicherweise bis zur Wirkungslosigkeit« – was die Holocaust-Industrie als nicht weiter ernst zu nehmende Besorgnis, wenn nicht gar als zusätzlichen Anreiz betrachtete.[29]

Die wichtigste Waffe, die man einsetzte, um den Widerstand der Schweizer zu brechen, war jedoch der wirtschaftliche Boykott. »Nun wird die Schlacht viel schmutziger«, warnte im Januar 1997 Avraham Burg, Vorsitzender der Jewish Agency und Israels vorderster Kämpfer im Fall der Schweizer Banken. »Bis jetzt haben wir internationalen jüdischen Druck zurückgehalten.« Bereits im Januar 1996 hatte der WJC damit begonnen, den Boykott zu planen. Bronfman und Singer nahmen Kontakt mit Alan Hevesi auf (sein Vater war ein bekannter Vertreter des AJC gewesen), dem Finanzchef von New York City, sowie mit Carl McCall, dem Finanzchef des Staates New York. Zusammen legen diese beiden Rechnungsführer Milliarden von Dollar in Pensionsfonds an. Hevesi war auch Vorsitzender in der Rechnungsführer-Vereinigung der USA, die 30 Billiarden Dollar in Pensionsfonds angelegt hat. Ende Januar legte Singer bei der Hochzeit seiner Tochter zusammen mit D'Amato und Bronfman eine Strategie fest. »Schauen Sie, was ich für ein Mensch bin«, scherzte Singer, »ich mache bei der Hochzeit meiner Tochter Geschäfte.«[30]

Im Februar 1996 schrieben Hevesi und McCall an die Schweizer Banken und drohten ihnen Sanktionen an. Im Oktober sagte Gouverneur Pataki öffentlich seine Unterstützung zu. Während der folgenden Monate brachten die örtlichen und staatlichen Regierungen in New York, New Jersey, Rhode Island und Illinois jeweils Entschließungen ein, in denen sie mit einem wirtschaftlichen Boykott drohten, bis die Schweizer Banken einknickten. Im Mai 1997 verhängte die Stadt Los Angeles die ersten Sanktionen und zog mehrere hundert Millionen Dollar von Pensionsfonds aus einer Schweizer Bank ab. Mit Sanktionen New Yorks folgte Hevesi rasch nach. Innerhalb weniger Tage schlossen sich Kalifornien, Massachusetts und Illinois an.

»Ich will 3 Milliarden Dollar oder darüber«, verkündete Bronfman im Dezember 1997, »um das alles zu beenden, die Sammelklagen, das Volcker-Verfahren und das übrige.« Indessen versuchten D'Amato und offizielle Vertreter der New Yorker Banken, die kurz zuvor gegründete Schweizerische Bankenvereinigung (ein Zusammenschluß der großen Schweizer Banken) daran zu hindern, in den USA tätig zu werden. »Wenn die Schweizer sich weiterhin stur stellen, werde ich alle Anteilseigner der USA auffordern müssen, ihre Geschäfte mit den Schweizern auszusetzen«, warnte Bronfman im März 1998. »Wir kommen an einen Punkt, wo sich das entweder von selbst erledigt, oder wir haben einen totalen Krieg.« Im April fingen die Schweizer an, dem Druck nachzugeben, widersetzten sich aber immer noch einer schmählichen Unterwerfung. (Im Verlauf des Jahres 1997 gaben die Schweizer angeblich 500 Millionen Dollar aus, um die Angriffe der Holocaust-Industrie abzuwehren.) »Die ganze schweizerische Gesellschaft ist mit einem bösartigen Krebsgeschwür durchsetzt«, lamentierte Melvyn Weiss, einer der Anwälte der Sammelklage. »Wir haben ihnen eine Chance gegeben, es mit einer starken Strahlendosis zu sehr niedrigen Kosten loszuwerden, doch sie haben das zurückgewiesen.« Im Juni legten die Schweizer Banken ein »letztes Angebot« über 600 Millionen Dollar vor. Der Chef der ADL, Abraham Foxman, zeigte sich von der Arroganz *der Schweizer* schockiert und konnte seinen Zorn kaum zügeln: »Dieses Angebot ist eine Beleidigung für das Andenken der Opfer, für deren überlebende Angehörige und für jene aus der jüdischen Gemeinschaft, die den Schweizern in bester Absicht die Hand reichten, um gemeinsam diese höchst schwierige Angelegenheit zu lösen.«[31]

Im Juli 1998 drohten Hevesi und McCall weitere harte Sanktionen an. New Jersey, Pennsylvania, Connecticut, Florida, Michigan und Kalifornien schlossen sich ihnen innerhalb weniger Tage an. Mitte August kapitulierten die Schweizer schließlich. In einem von Richter Korman herbeigeführten Vergleich zu den Sammelklagen willigten die Schweizer ein, 1,25 Milliarden Dollar zu zahlen. »Die zusätzliche Zahlung«, stand in einer Presseerklärung der Schweizer Banken, »zielt darauf ab, sowohl die Gefahr von Sanktionen wie auch lange und kostspielige Gerichtsverfahren abzuwenden.«[32]

»In diesem Heldenepos sind Sie ein echter Vorkämpfer gewesen«, gratulierte Israels Premierminister Benjamin Netanjahu D'Amato. »Es handelt sich hier nicht nur materiell gesehen um einen Erfolg, sondern auch um einen moralischen Sieg und einen Triumph der Idee.«[33].

Der 1,25 Milliarden Dollar schwere Vergleich mit der Schweiz betraf im Grunde drei Gruppen – Anspruchsberechtigte für nachrichtenlose Schweizer Konten, Flüchtlinge, denen die Schweiz kein Asyl gewährt hatte, und Opfer von Zwangsarbeit, von der Schweizer profitiert hatten.[34] Gemessen an all der aufrichtigen Entrüstung über die »perfiden Schweizer« ist das vergleichbare Sündenregister Amerikas in all diesen Belangen ebenso schlimm, wenn nicht schlimmer. Auf das Thema der nachrichtenlosen Konten in den USA werde ich gleich zurückkommen. Wie die Schweiz verweigerten auch die USA jüdischen Flüchtlingen, die den Nazis zu entkommen suchten, während des Zweiten Weltkriegs die Einreise. Doch die amerikanische Regierung sah sich nicht in der Lage, etwa die jüdischen Flüchtlinge, die an Bord des Unglücksschiffes *St. Louis* gewesen waren, zu entschädigen. Und man stelle sich die Reaktion vor, wenn die mehreren tausend Flüchtlinge aus Mittelamerika und Haiti, denen man nach der Flucht vor den von Amerika geförderten Todesschwadronen Asyl verweigert hatte, hier um eine Entschädigung nachsuchen würden. Obwohl die Schweiz hinsichtlich Größe und Ressourcen von den USA weit in den Schatten gestellt wird, hat sie während der Massenvernichtung der Juden durch die Nazis ebenso viele jüdische Flüchtlinge (annähernd 20 000) aufgenommen wie die Vereinigten Staaten.[35]

Die einzige Möglichkeit, für die Sünden der Vergangenheit Buße zu tun, so predigten amerikanische Politiker der Schweiz, bestehe darin, materielle Wiedergutmachung zu leisten. Stuart Eizenstat, stellvertretender Handelsminister und Clintons Sonderbeauftragter für die Rückgabe von Eigentum, erachtete die Schweizer Entschädigungszahlungen an die Juden »als einen wichtigen Lackmustest für die Bereitschaft dieser Generation, sich der Vergangenheit zu stellen und die Verfehlungen der Vergangenheit zu korrigieren«. Auch wenn man sie nicht »für Dinge verantwortlich« machen könne, »die vor vielen Jahren geschehen sind«, bekannte D'Amato während der gleichen Anhörung vor dem Senat, so hätten die Schweizer noch immer »die Pflicht, Rechenschaft abzulegen und das zu tun, was zu diesem Zeitpunkt richtig ist.« Präsident Clinton, der die Entschädigungsforderungen des WJC öffentlich unterstützte, überlegte gleichermaßen, daß »wir uns der schrecklichen Ungerechtigkeit der Vergangenheit stellen und sie nach besten Kräften korrigieren müssen«. »Die Geschichte kennt keine Verjährungsfrist«, erklärte der Vorsitzende James Leach anläßlich der Anhörungen vor dem Bankenausschuß des Repräsentantenhauses, und »die Vergangenheit darf nie vergessen werden«. »Wir sollten klarstellen«, schrieben Führer beider im Kongreß vertretenen Parteien in einem Brief an den Minister, daß die »Reaktion auf diese Rückgabeaktion als Test für die Achtung vor den grundlegenden Menschenrechten und für den Vorrang des Gesetzes angesehen werden wird.« Und in einer Botschaft an das Parlament der Schweiz erklärte Außenministerin Madeleine Albright, daß die wirtschaftlichen Vorteile, die der Schweiz durch die Einbehaltung jüdischer Konten zugewachsen seien, »an die nachfolgenden Generationen weitergereicht wurden, und deshalb schaut die Welt nun auf das Volk der Schweiz; nicht damit es die Verantwortung für Handlungen übernimmt, die von seinen Vorfahren begangen wurden, sondern damit es jetzt großzügig alles Mögliche tut, um Verfehlungen der Vergangenheit zu korrigieren.«[36] Durchaus edle Gefühle, doch wenn es um afrikanisch-amerikanische Entschädigungen für die Sklaverei geht, ist davon weit und breit nichts zu hören – es sei denn, man machte sich aktiv darüber lustig.[37]

Es bleibt unklar, wie die »bedürftigen Holocaust-Überlebenden« bei dem abschließenden Vergleich abschneiden werden. Gizella Weisshaus, die erste, die den Anspruch auf ein nachrichtenloses Konto in der Schweiz einklagte, hat ihren Anwalt, Edward Fagan, mit dem bitteren Vorwurf von seinen Pflichten entbunden, er würde sie benutzen. Zudem betrug die Rechnung Fagans an das Gericht 4 Millionen Dollar Anwaltsgebühren. Die Forderungen an Anwaltsgebühren insgesamt belaufen sich auf 15 Millionen Dollar, wobei »viele« 600 Dollar pro Stunde berechnen. Ein Anwalt fordert 2400 Dollar, weil er Tom Bowers Buch *Nazi Gold [Das Gold der Juden]* gelesen hat. »Jüdische Gruppen und Überlebende«, berichtete die New Yorker *Jewish Week,* »kämpfen ohne Bandagen um einen Anteil an den 1,25 Milliarden Dollar aus dem Holocaust-Vergleich mit den Schweizer Banken.« Kläger und Überlebende bestehen darauf, daß das gesamte Geld direkt an sie gehen sollte. Jüdische Organisationen verlangen jedoch ein Stück des Kuchens für sich. Greta Beer, vor dem Kongreß eine Hauptzeugin gegen die Schweizer Banken, prangerte die Anmaßung der jüdischen Organisationen an und beschwor Richter Kormans Gericht mit den Worten: »Ich möchte nicht wie ein kleines Insekt unter den Füßen zerquetscht werden.« Ungeachtet seines beflissenen Eintretens für »bedürftige Überlebende des Holocaust« will der WJC fast die Hälfte des Geldes aus der Schweiz für jüdische Organisationen und »Holocaust-Fortbildung« reservieren.

Falls jüdische Organisationen, die dessen »würdig« sind, Gelder erhalten, besteht das Simon-Wiesenthal-Zentrum darauf, daß »ein Teil an jüdische Bildungszentren gehen sollte«. Während sie nach einem größeren Anteil der Beute »angeln«, behaupten sowohl Organisationen der Reformer wie der Orthodoxen, die 6 Millionen Toten würden jeweils ihren Zweig des Judentums als finanziellen Nutznießer bevorzugt haben. Nun zwang ja die Holocaust-Industrie die Schweiz zu einem Vergleich, weil Zeit angeblich der entscheidende Faktor war – »jeden Tag sterben bedürftige Holocaust-Überlebende«. Sobald die Schweizer jedoch die Einigung unterzeichnet hatten, war wie durch ein Wunder alles nicht mehr so dringend. Mehr als ein Jahr nach dem Vergleich gab es noch immer keinen Verteilungsplan. Wenn schließlich festgelegt sein wird, wie das Geld aufzuteilen ist, sind wahrscheinlich all die »bedürftigen Holocaust-Überlebenden« tot. Tatsächlich ist bis zum Dezember 1999 erst weniger als die Hälfte des im Februar 1997 eingerichteten, 200 Millionen Dollar umfassenden »Sonderfonds für bedürftige Opfer des Holocaust« an die eigentlichen Opfer verteilt worden. Nachdem die Honorare der Anwälte bezahlt sind, werden die Gelder aus der Schweiz in die Tresore der jüdischen Organisationen fließen, die dessen »würdig« sind.[38]

»Möglicherweise ist keinerlei Einigung zu vertreten«, schrieb Burt Neuborne, Juraprofessor an der New York University und Mitglied des Anwaltsteams der Sammelklage, in der *New York Times,* »wenn sie es den Schweizer Banken ermöglicht, den Holocaust wie ein gewinnträchtiges Unternehmen zu nutzen.« Vor dem

Bankenausschuß des Repräsentantenhauses sagte Edgar Bronfman in bewegenden Worten aus, daß den Schweizern »nicht erlaubt werden sollte, aus der Asche des Holocaust Gewinn zu ziehen«. Andererseits räumte Bronfman kürzlich ein, daß der Schatzmeister des WJC nicht weniger als »grob geschätzt 7 Milliarden Dollar« Entschädigungsgelder angehäuft habe.[39]

Mittlerweile sind die maßgeblichen Berichte über die Schweizer Banken veröffentlicht. Man kann nun beurteilen, ob es, wie Bower behauptet, tatsächlich »eine fünfzig Jahre andauernde Verschwörung von Nazis und Schweizern« gegeben hat, »um den europäischen Juden und Überlebenden des Holocaust Milliarden zu stehlen«.

Die unabhängige Expertenkommission (»Bergier-Kommission«) veröffentlichte ihren Bericht *Die Schweiz und Goldtransaktionen im Zweiten Weltkrieg* im Juli 1998.[40] Darin wurde bestätigt, daß die Schweizer Banken Gold im heutigen Wert von 4 Milliarden Dollar aus Nazi-Deutschland bezogen hatten, wobei ihnen bekannt war, daß dafür die Zentralbanken im besetzten Europa geplündert worden waren. Während der Anhörungen auf dem Capitol Hill zeigten sich Kongreßabgeordnete schockiert, daß die Schweizer Banken mit erbeutetem Besitz gehandelt hatten und, was fast noch schlimmer war, diese ungeheuerlichen Praktiken noch immer zuließen. Ein Abgeordneter prangerte an, daß korrupte Politiker ihre unrechtmäßig erworbenen Gewinne in Schweizer Banken deponierten, und forderte die Schweiz auf, endlich Gesetze gegen »diese geheimen Geldbewegungen … von bekannten Politikern oder Staatsführern, von Leuten, die ihre Staatsfinanzen plündern,« zu erlassen. Ein anderer Abgeordneter klagte über die »Zahl der hochgradig korrupten Regierungsbeamten und Geschäftsleute in aller Welt, die in der Schweiz einen Zufluchtsort für ihren erheblichen Reichtum gefunden haben,« ein dritter fragte sich laut, ob »das schweizerische Bankensystem den Ganoven dieser Generation und den Ländern, die von ihnen vertreten werden, in ... ähnlicher Weise entgegenkommt, wie es dem Naziregime vor 55 Jahren eine Zuflucht geboten hat?«[41] Dieses Problem verdient wahrhaftig Beachtung. Jährlich werden etwa 100–200 Milliarden Dollar, die aus politischer Korruption stammen, weltweit über Grenzen verschoben und in Privatbanken deponiert. Die Vorwürfe des Kongreß-Bankenausschusses hätten jedoch mehr Gewicht gehabt, wenn nicht gut die Hälfte dieses »illegalen Fluchtkapitals« mit uneingeschränkter Billigung der Gesetze der USA in amerikanischen Banken deponiert würde.[42] Zu den Nutznießern dieser legalen »Zuflucht« in den USA gehört seit kurzem auch Raul Salinas de Gortari, der Bruder des früheren mexikanischen Präsidenten, und die Familie des ehemaligen nigerianischen Diktators Generals Sani Abacha. »Das Beutegold des Adolf Hitler und seiner Schergen«, meint Jean Ziegler, ein Schweizer Parlamentarier und scharfer Kritiker der Schweizer Banken, »ist nicht wesensverschieden vom Blutgeld« der Diktatoren aus der Dritten Welt, das nun auf privaten Schweizer Konten lagert. »Millionen von Frauen, Männern und Kindern sind durch Hitlers Räuber in den Tod getrieben worden«, und in der Dritten

Welt »[sterben] alljährlich Hunderttausende von Kindern an ... Seuchen und Unternährung«, weil »Diktatoren mit Hilfe von Schweizer Finanzhaien ihre Länder ausplündern«.[43] Und mit Hilfe der amerikanischen Finanzhaie ebenso. Dabei lasse ich den sogar noch wichtigeren Aspekt einmal beiseite, daß viele dieser Diktatoren mit der Macht der USA eingesetzt und durch sie unterstützt werden und ihre Länder mit Billigung der Vereinigten Staaten ausplündern.

Was speziell den Holocaust angeht, kam die Bergier-Kommission zu dem Schluß, die Schweizer Banken hätten »Barren angekauft, die Gold enthielten, das die Naziverbrecher den Opfern der Arbeitslager und Vernichtungslager abgenommen hatten«. Das sei jedoch nicht wissentlich geschehen: »Es gibt keinen Hinweis, daß die Entscheidungsträger in der Schweizerischen Zentralbank wußten, daß die von der Reichsbank in die Schweiz transportierten Barren solches Gold enthielten.« Die Kommission schätzte den Wert des »Opfergoldes«, das die Schweiz unwissentlich erworben hatte, auf 134 428 Dollar, nach heutigem Wert etwa 1 Million Dollar. Diese Zahl umfaßt »Opfergold«, das jüdischen wie auch nichtjüdischen Lagerinsassen abgenommen worden war.[44]

Im Dezember 1999 legte der Volcker-Ausschuß seinen Bericht über nachrichtenlose Konten von Opfern der Naziverfolgung in Schweizer Banken vor.[45] Dieser *Bericht* dokumentiert die Ergebnisse einer umfassenden Überprüfung der Bücher, die drei Jahre dauerte und nicht weniger als 500 Millionen Dollar kostete.[46] Sein zentraler Befund zum »Umgang mit nachrichtenlosen

Konten von Opfern der Naziverfolgung« verdient es, ausführlicher zitiert zu werden:

> Was die Opfer der Naziverfolgung angeht, gab es keinen Beweis für systematische Diskriminierung, Zugangsbehinderung, Veruntreuung oder Verletzung der von schweizerischen Gesetzen vorgesehenen Aufbewahrungsvorschriften. Der Bericht kritisiert jedoch das Vorgehen einiger Banken, was den Umgang mit den Konten der Opfer der Naziverfolgung angeht. Das Wort »einige« im letzten Satz ist hervorzuheben, da die kritisierten Verhaltensweisen sich vor allem auf die Handhabung individueller Konten von Opfern der Naziverfolgung durch bestimmte Banken beziehen, wobei die Untersuchung 254 Banken und einen Zeitraum von etwa 60 Jahren umfaßte. Hinsichtlich der kritisierten Handlungen räumt der Bericht auch ein, daß es für das Verhalten der in diese Aktivitäten verwickelten Banken mildernde Umstände gab. Der Bericht räumt ferner ein, daß es reichlich Belege für eine Vielzahl von Fällen gibt, in denen die Banken aktiv nach fehlenden Kontoinhabern oder ihren Erben, darunter auch Holocaust-Opfer, gesucht und die Saldi nachrichtenloser Konten an die entsprechenden Parteien ausbezahlt haben.

Der Abschnitt endet mit der milden Schlußbemerkung, daß »der Ausschuß die in Frage stehenden Handlungen für so bedeutend hält, daß es wünschenswert erscheint, in diesem Abschnitt zu dokumentieren, was an Fehlern gemacht worden ist, um aus der Vergangenheit zu lernen, statt ihre Fehler zu wiederholen«.[47]

In dem *Bericht* war auch zu lesen, daß es, obwohl der Ausschuß nicht alle Bankunterlagen für den »relevanten Zeitabschnitt« (1933–45) zurückverfolgen konnte, »schwierig, wenn nicht unmöglich« wäre, Unterlagen unentdeckt zu vernichten, und daß »in der Tat keine Beweise für eine systematische Vernichtung von Aufzeichnungen zum Zweck der Verschleierung früheren Verhaltens gefunden worden sind«. Er kommt zu dem Schluß, der Prozentsatz wiederentdeckter Unterlagen (60 Prozent) sei »wirklich außergewöhnlich« und »wirklich bemerkenswert«, besonders angesichts der Tatsache, daß die Gesetze der Schweiz eine Aufbewahrung der Unterlagen nicht länger als zehn Jahren verlangen.[48]

Zum Vergleich möge man sich ansehen, wie die *New York Times* die Ergebnisse des Volcker-Ausschusses wiedergab. Unter der Überschrift »Die Täuschungsmanöver der Schweizer Banken« berichtete die *Times,*[49] der Ausschuß habe »keine schlüssigen Beweise« gefunden, daß die Schweizer Banken nachrichtenlose jüdische Konten falsch gehandhabt hätten. Doch der *Bericht* hatte ausdrücklich »keine Beweise« festgestellt. Des weiteren gibt die *Times* an, der Ausschuß hätte »herausgefunden, daß Schweizer Banken es irgendwie geschafft hatten, die Spur einer erschreckend großen Zahl dieser Konten zu verlieren«. Der *Bericht* war dagegen zu dem Ergebnis gelangt, die Zahl der von den Schweizern aufbewahrten Unterlagen sei »wirklich außergewöhnlich« und »wirklich bemerkenswert« gewesen.

Schließlich schreibt die *Times* noch, daß dem Ausschuß zufolge »viele Banken Familienangehörige, die versuchten, verlorenen Besitz wiederzuerlangen, grausam und mit Täuschungsabsicht abgewiesen hätten«. In Wahrheit betont der *Bericht,* daß nur »einige« Banken sich falsch verhalten hätten und daß in diesen Fällen »mildernde Umstände« vorlägen, und ebenso verweist er auf die »vielen Fälle«, in denen Banken aktiv nach Anspruchsberechtigten gesucht hätten.

Der *Bericht* wirft den Schweizer Banken vor, bei früheren Überprüfungen ihrer Bücher auf nachrichtenlosen Konten aus der Zeit des Holocaust nicht »aufrichtig und offen« gewesen zu sein. Doch er scheint die Mängel dieser Prüfungen eher technischen Faktoren als einer Unterschlagungsabsicht anzulasten.[50] Der *Bericht* stellt 54 000 Konten fest, bei denen eine »wahrscheinliche oder mögliche Beziehung zu Opfern der Naziverfolgung« besteht. Doch er kommt zu dem Schluß, daß nur in der Hälfte der Fälle – 25 000 – die Wahrscheinlichkeit hinreichend groß ist, eine Veröffentlichung der Kontobezeichnung zu rechtfertigen. Der geschätzte heutige Wert von 10 000 dieser Konten, zu denen einige Informationen verfügbar waren, beläuft sich auf 170–260 Millionen Dollar. Es stellte sich als unmöglich heraus, den heutigen Wert der übrigen Konten zu beziffern.[51] Der Gesamtwert der eigentlichen nachrichtenlosen Konten aus der Zeit des Holocaust wird wahrscheinlich weit mehr ausmachen als die ursprünglich von den Schweizer Banken geschätzten 32 Millionen Dollar, aber erstaunlich weit unter den vom WJC behaupteten 7–20 Milliarden Dollar liegen. In seiner

Aussage vor dem Kongreß machte Volcker darauf aufmerksam, daß die Zahl der Schweizer Konten, die »wahrscheinlich oder möglicherweise« Holocaust-Opfern zuzuordnen sind, »um ein Vielfaches größer war als die Zahl, die vorangegangene Nachforschungen der Schweizer ergeben hatten«. Doch er fuhr fort: »Ich betone die Worte ›wahrscheinlich oder möglicherweise‹, da wir, außer in relativ wenigen Fällen, nach mehr als einem halben Jahrhundert nicht mehr in der Lage waren, mit Gewißheit eine zweifelsfreie Verbindung zwischen Opfern und Kontoinhabern festzustellen.«[52]

Das brisanteste Ergebnis des Volcker-Ausschusses wurde von den amerikanischen Medien nicht übermittelt. Neben der Schweiz, merkt der Ausschuß an, waren *auch* die USA ein wichtiger Zufluchtsort für transferierbare jüdische Besitztümer in Europa:

> In Erwartung des Krieges und wirtschaftlicher Belastungen sowie der Verfolgung der Juden und anderer Minderheiten durch die Nazis vor und während des Zweiten Weltkriegs sahen sich viele Menschen einschließlich der Opfer dieser Verfolgung veranlaßt, ihren Besitz in Länder zu schaffen, die man als sichere Zuflucht ansah (wozu vor allem die Vereinigten Staaten und das Vereinigte Königreich gehörten)... Angesichts gemeinsamer Grenzen der neutralen Schweiz mit den Achsenmächten und den von diesen besetzten Ländern wurden auch Schweizer Banken und andere schweizerische Finanzvermittlungen zu Empfän-

gern eines Teils der Vermögenswerte, für die man Sicherheit suchte.

Ein umfangreicher Anhang führt die »bevorzugten Bestimmungsorte« der transferierbaren jüdischen Vermögenswerte in Europa auf. Am häufigsten werden die USA und die Schweiz genannt. (Großbritannien war als Bestimmungsland »abgeschlagener Dritter«.)[53]

Hier stellt sich die offensichtliche Frage: Was geschah mit den nachrichtenlosen Holocaust-Konten bei *amerikanischen* Banken? Der Bankenausschuß des Repräsentantenhauses berief einen sachverständigen Zeugen, der zu diesem Thema aussagen sollte. Seymour Rubin, derzeit Professor an der American University, diente der Delegation der Vereinigten Staaten bei den Verhandlungen mit der Schweiz nach dem Zweiten Weltkrieg als stellvertretender Leiter. Außerdem arbeitete Rubin unter der Schirmherrschaft jüdischer Organisationen in Amerika in den fünfziger Jahren mit einer »Expertengruppe für das jüdische Gemeinschaftsleben in Europa« zusammen, um nachrichtenlose Konten aus der Zeit des Holocaust bei Banken in den USA festzustellen. In seiner Aussage vor dem Repräsentantenhaus erklärte Rubin, daß der Wert dieser Konten (nach einer höchst oberflächlichen und ansatzweisen Prüfung, die nur New Yorker Banken einbezog) bei 6 Millionen Dollar liege. Jüdische Organisationen forderten diesen Betrag für »bedürftige Überlebende« vom Kongreß (in den Vereinigten Staaten fallen nachrichtenlose Konten ohne Anspruchsberechtigte nach der einschlägigen Rechtsvorschrift an den Staat). Später erinnerte sich Rubin:

> Die ursprüngliche Schätzung von 6 Millionen Dollar wurde von potentiellen Befürwortern der erforderlichen Gesetzgebung im Kongreß zurückgewiesen; im ersten Gesetzentwurf wurde eine Grenze von 3 Millionen Dollar angesetzt... Im weiteren Verlauf wurde die Zahl von 3 Millionen bei Ausschußanhörungen auf eine Million zusammengestrichen. Im weiteren Gesetzgebungsverfahren reduzierte man sie auf den Betrag von 500 000 Dollar. Selbst dieser Summe widersetzte sich das Haushaltsbüro, das wiederum eine Begrenzung auf 250 000 Dollar vorschlug. Das Gesetz wurde jedoch mit den 500 000 Dollar verabschiedet.

»Die Vereinigten Staaten«, schloß Rubin, »setzten nicht viel daran, um erbenloses Eigentum in den USA zu identifizieren, und stellten ... lediglich 500 000 Dollar bereit, ganz im Gegensatz zu den 32 Millionen Dollar, die die Schweizer Banken sogar schon vor der Untersuchung Volckers anerkannten.«[54] Anders gesagt, *das Sündenregister der USA ist viel schlimmer als das der Schweiz.* Das wird noch dadurch betont, daß die nachrichtenlosen Konten der USA, abgesehen von einer flüchtigen Bemerkung von Eizenstat, während der Anhörungen vor den Ausschüssen von Repräsentantenhaus und Senat zum Thema Schweizer Banken nicht weiter erwähnt wurden. Überdies wird die Aussage Rubins vor dem Repräsentantenhaus nicht erwähnt, obwohl er eine Schlüsselrolle in den vielen Sekundärberichten zur Schweizer Bankenaffäre spielt – Bower widmet diesem »Kreuzfahrer im Außenministerium« Seiten über Seiten. Während dieser

Anhörung hatte Rubin zudem »eine gewisse Skepsis« geäußert, »was die hohen Beträge [auf den nachrichtenlosen Schweizer Konten] betrifft, über die gesprochen wird«. Es muß nicht eigens erwähnt werden, daß Rubins genauer Blick auf diesen Sachverhalt ebenfalls vorsätzlich ignoriert wurde.

Wo blieb das Protestgeschrei der Abgeordneten gegen die »perfiden« amerikanischen Bankiers? Von den Mitgliedern der Bankenausschüsse in Senat und Kongreß forderte einer nach dem anderen die Schweizer lautstark auf, »endlich zu bezahlen«. Keiner forderte dagegen die USA auf, das gleiche zu tun. Vielmehr beteuerte ein Mitglied des Bankenausschusses des Parlaments in schamloser Weise – und mit Bronfmans Zustimmung –, daß »allein« die Schweiz »nicht den Mut gezeigt hat, sich ihrer Geschichte zu stellen«.[55] Es ist nicht weiter verwunderlich, daß die Holocaust-Industrie keinen Feldzug in Gang setzte, um in den Banken der USA Nachforschungen zu betreiben. Eine Buchprüfung in unseren Banken in der gleichen Größenordnung wie der in der Schweiz würde die amerikanischen Steuerzahler nicht Millionen, sondern Milliarden Dollar kosten.[56] Bis die einmal abgeschlossen wäre, würden amerikanische Juden vermutlich in München um Asyl nachsuchen. Courage hat ihre Grenzen.

Schon gegen Ende der vierziger Jahre, als die USA die Schweiz drängten, nachrichtenlose jüdische Konten ausfindig zu machen, protestierten die Schweizer, daß die Amerikaner zuerst in ihrem eigenen Hinterhof aufräumen sollten.[57] Mitte 1997 verkündete Pataki, der Gouverneur von New York, die Einrichtung eines staatlichen Ausschusses für die Wiederbeschaffung der Vermögenswerte von Holocaust-Opfern, der sich der Forderungen gegenüber Schweizer Banken annehmen sollte. Unbeeindruckt schlugen die Schweizer vor, der Ausschuß möge sich Forderungen gegenüber Banken in den USA und in Israel annehmen, das sei nützlicher.[58] In der Tat erinnert Bower daran, daß israelische Banken sich nach dem Krieg von 1948 »weigerten, Listen zu veröffentlichen, um Erben die Möglichkeit zu geben, ihre Ansprüche anzumelden,« und vor kurzem wurde berichtet, daß »anders als in europäischen Ländern israelische Banken und zionistische Organisationen sich dem Drängen widersetzen, unabhängige Kommissionen einzurichten, die feststellen sollen, wieviel Eigentum und wie viele nachrichtenlose Konten von Überlebenden des Holocaust gehalten werden und wie diese Eigentümer ausfindig gemacht werden können« *(Financial Times).* (Während der britischen Mandatszeit kauften europäische Juden Grundstücke in Palästina und richteten dort Bankkonten ein, um das Unternehmen der Zionisten zu unterstützen oder eine künftige Einwanderung vorzubereiten.) Im Oktober 1998 »kamen WJC und WJRO in einer Grundsatzentscheidung überein, sich nicht mit Besitztümern von Holocaust-Opfern in Israel zu befassen, da die Verantwortung dafür bei der israelischen Regierung lag« *(Haaretz).* Deshalb sind die Schreiben dieser jüdischen Organisationen an die Schweiz gerichtet, nicht aber an den jüdischen Staat. Der sensationellste Vorwurf, der gegen die Schweizer Banken erhoben wurde, lautete, daß sie von den Erben von Opfern der Naziverfolgung

Sterbeurkunden verlangt hätten. Israelische Banken haben solche Nachweise ebenfalls verlangt. Doch nach Anschuldigungen gegen die »perfiden Israelis« sucht man vergebens. Um zu belegen, daß »zwischen Banken in Israel und in der Schweiz keine moralischen Parallelen gezogen werden können«, zitierte die *New York Times* einen ehemaligen israelischen Abgeordneten: »Hier war es bestenfalls Nachlässigkeit; in der Schweiz war es ein Verbrechen.«[59] Kommentar überflüssig.

Im Mai 1998 wurde eine präsidentielle Beratungskommission zu Holocaust-Besitztümern in Amerika vom Kongreß damit beauftragt, »Untersuchungen anzustellen, was aus Besitztümern geworden ist, die Opfern des Holocaust abgenommen wurden und in den Besitz der Bundesregierung der Vereinigten Staaten gelangten«, und »den Präsidenten hinsichtlich der Politik zu beraten, die eingeschlagen werden soll, um gestohlenen Besitz an die rechtmäßigen Eigentümer oder ihre Erben zurückzugeben«. »Die Arbeit der Kommission zeigt unabweisbar«, erklärte der Kommissionsvorsitzende Bronfman, »daß wir in den Vereinigten Staaten gewillt sind, uns an dem gleichen hohen Maßstab der Wahrheit zu orientieren, den wir an andere Länder angelegt haben.« Doch eine Beraterkommission des Präsidenten mit einem Budget von 7 Millionen Dollar ist etwas anderes als die 500 Millionen teure umfassende externe Überprüfung des gesamten Bankensystems eines Landes, bei der ein ungehinderter Zugang zu allen Bankunterlagen gewährleistet ist.[60] Um alle vielleicht noch vorhandenen Zweifel auszuräumen, daß die USA bei den Bemühungen um die Rückgabe von jüdischen Besitztümern, die in der Zeit des Holocaust gestohlen worden waren, an vorderster Front standen, verkündete James Leach, der Vorsitzende des Bankenausschusses des Repräsentantenhauses, im Februar 2000 voller Stolz, ein Museum in North Carolina habe einer österreichischen Familie ein Gemälde zurückgegeben. »Das unterstreicht das Verantwortungsbewußtsein der Vereinigten Staaten…, und ich glaube, das ist ein Punkt, den dieser Ausschuß hervorheben sollte.«[61]

Für die Holocaust-Industrie war die Schweizer Bankaffäre – ebenso wie die Qualen, die der Holocaust-»Überlebende« Binjamin Wilkomirski nach dem Krieg erdulden mußte – jedoch ein weiterer Beweis für die unauslöschliche und irrationale Bosheit der Nichtjuden. Die Affäre verdeutliche, wie Itamar Levin folgert, die grobe Gefühllosigkeit selbst eines »freiheitlich-demokratischen europäischen Landes gegenüber jenen, die die körperlichen und seelischen Verletzungen des schlimmsten Verbrechens der Geschichte trugen«. Eine Untersuchung der Universität Tel Aviv vom April 1997 berichtete von »einem unverkennbaren Anwachsen« des Antisemitismus in der Schweiz. Doch diese unheilvolle Entwicklung konnte unmöglich damit in Verbindung gebracht werden, daß die Holocaust-Industrie die Schweiz abkassiert hatte. »Der Antisemitismus wird nicht von Juden gemacht«, schniefte Bronfman. »Es sind die Antisemiten, die für den Antisemitismus verantwortlich sind.«[62]

Materielle Entschädigung für den Holocaust »ist die größte moralische Prüfung, der sich Europa am Ende des zwanzigsten Jahrhunderts gegenübersieht,« behauptet Itamar Levin. »Dies wird der wirkliche Prüfstein für den Umgang des Kontinents mit dem jüdischen Volk.«[63] In der Tat machte sich die Holocaust-Industrie, ermutigt durch ihren Erfolg beim Abkassieren der Schweizer, schnell daran, auch das übrige Europa zu »prüfen«. Als nächstes kam Deutschland an die Reihe.

Nachdem die Holocaust-Industrie im August 1998 eine Einigung mit der Schweiz erreicht hatte, setzte sie im September die gleiche siegreiche Strategie gegen Deutschland ein. Dieselben drei juristischen Teams (Hausfeld-Weiss, Fagan-Swift und der Weltrat der orthodoxen jüdischen Gemeinden) brachten Sammelklagen gegen die deutsche Privatindustrie ein; sie forderten nicht weniger als 20 Milliarden Dollar Entschädigung. Der New Yorker Finanzchef Hevesi winkte mit der Drohung eines wirtschaftlichen Boykotts und begann, die Verhandlungen im April 1999 zu »beobachten«. Der Bankenausschuß des Repräsentantenhauses hielt im September Anhörungen ab. Die Abgeordnete Carolyn Maloney erklärte, daß »die verflossene Zeit keine Entschuldigung für unrechtmäßige Bereicherung sein darf« (jedenfalls nicht die aus jüdischer Zwangsarbeit – die afrikanisch-amerikanische Sklavenarbeit ist eine andere Geschichte), während der Ausschußvorsitzende Leach, der sein altes Skript erneut verlas, tönte, daß »die Geschichte keine Verjährungsfrist kennt«. Deutsche Firmen, die in den Vereinigten Staaten Geschäfte machten, teilte Eizenstat dem Ausschuß mit, »legen Wert auf ihr gutes Ansehen hierzulande, und sie werden in den USA und in Deutschland weiterhin jene gute staatsbürgerliche Gesinnung beibehalten, die sie immer gezeigt haben.« Unter Verzicht auf diplomatische Nettigkeiten drängte der Kongreßabgeordnete Rick Lazio den Ausschuß ganz unverblümt, »sich auf die deutschen Firmen des privaten Sektors zu konzentrieren, insbesondere auf jene, die in den USA Geschäfte machen«.[64]

Um die öffentliche Hysterie gegen Deutschland anzuheizen, brachte die Holocaust-Industrie im Oktober verschiedene ganzseitige Zeitungsanzeigen heraus. Die schreckliche Wahrheit war nicht genug; man bediente alle Register DES HOLOCAUST. Eine Anzeige, die sich gegen den deutschen Pharmahersteller Bayer richtete, brachte Josef Mengele ins Spiel, obwohl es keinerlei Beweise dafür gibt, daß Bayer dessen mörderische Experimente »gesteuert« hat. In der Erkenntnis, der Wucht DES HOLOCAUST nicht standhalten zu können, unterwarfen die Deutschen sich am Ende des Jahres einem umfangreichen finanziellen Vergleich. Die Londoner *Times* führte diese Kapitulation auf die »Holocash«-Kampagne in den Vereinigten Staaten zurück. »Ohne den persönlichen Einsatz und die Führung von Präsident Clinton ... sowie anderer hoher Beamter« der US-Regierung, teilte Eizenstat dem Bankenausschuß später mit, »hätten wir keine Einigung erreicht.«[65]

Wie die Holocaust-Industrie anklagend feststellte, hätte Deutschland eine »moralische und rechtliche Verpflichtung«, ehemalige jüdische Zwangsarbeiter zu entschädigen. »Diese Zwangsarbeiter verdienen ein wenig Gerechtigkeit«, plädierte Eizenstat, »für die paar Jahre, die sie noch zu leben haben.« Doch es ist, wie weiter oben schon gezeigt, einfach nicht wahr, daß sie keinerlei Entschädigung erhalten hätten. In die ursprünglichen Abkommen mit Deutschland zur Entschädigung von Häftlingen der Konzentrationslager waren auch jüdische Zwangsarbeiter einbezogen gewesen. Die deutsche Regierung entschädigte ehemalige jüdische Zwangsarbeiter für den »Freiheitsentzug« und für »Beeinträchtigung der Gesundheit«. Nur die zurückbehaltenen Löhne wurden nicht formell entschädigt. Jene, die bleibende Schäden erlitten hatten, erhielten eine ansehnliche lebenslange Rente.[66] Deutschland bedachte auch die Jewish Claims Conference mit annähernd einer Milliarde Dollar (nach heutigem Wert) für jene jüdischen ehemaligen Lagerhäftlinge, die nur die Minimal-Entschädigung erhalten hatten. Die Claims Conference verstieß, wie schon vorher erwähnt, gegen das Abkommen mit Deutschland und verwendete die Gelder statt dessen für ihre verschiedenen Lieblingsprojekte. Sie rechtfertigte diese (mißbräuchliche) Verwendung der deutschen Entschädigung damit, daß »die Ansprüche der ›bedürftigen‹ Opfer des Nationalsozialismus schon weitgehend abgedeckt gewesen waren …, ehe die Mittel aus Deutschland auch nur verfügbar wurden«.[67] Und doch forderte die Holocaust-Industrie noch fünfzig Jahre später Geld für »bedürftige Opfer des Holocaust«, die in Armut gelebt hatten, weil die Deutschen sie angeblich nie entschädigt hatten.

Die Frage, was eine »angemessene« Entschädigung für ehemalige jüdische Zwangsarbeiter darstellen könnte, ist schlechterdings nicht zu beantworten. Man kann jedoch folgendes festhalten: Dem neuen Abkommen zufolge wird jeder ehemalige jüdische Zwangsarbeiter vermutlich etwa 7500 Dollar erhalten. Wenn die Claims Conference die ursprünglich von Deutschland gezahlten Gelder angemessen verteilt hätte, hätten sehr viel mehr jüdische Zwangsarbeiter sehr viel früher sehr viel mehr Geld erhalten.

Ob die »bedürftigen Holocaust-Opfer« je etwas von den neuen Geldern aus Deutschland sehen werden, ist eine offene Frage. Die Claims Conference wünscht, daß ein großer Anteil als »Sonderfonds« zu ihrer Verfügung abgezweigt wird. Dem *Jerusalem Report* zufolge hat die Konferenz »viel zu gewinnen, wenn sie dafür sorgt, daß die Überlebenden nichts bekommen«. Der israelische Knesseth-Abgeordnete Michael Kleiner (Herut-Partei) geißelte die Konferenz als einen »Judenrat, der das Werk der Nazis auf andere Weise fortsetzt«. Sie sei eine »unredliche Körperschaft, die sich in professionelle Geheimniskrämerei hüllt und durch abstoßende öffentliche und moralische Korruption verdorben ist«, klagte er, »eine Körperschaft der Finsternis, die jüdische Holocaust-Überlebende und deren Erben mißhandelt, während sie selbst auf einem riesigen Haufen Geld sitzt, das Privatpersonen gehört, aber alles unternimmt, [das Geld] zu erben, während diese noch am Leben sind«.[68] In der Zwischenzeit erging sich Stuart Eizenstat, der vor dem Bankenausschuß des Abgeordnetenhauses aussagte, in weiteren Lobreden über das »transparente Vorgehen, das die Jewish Material Claims Conference in den letzten vierzig-und-ein-paar Jahren gezeigt hat«. Was jedoch blanken Zynismus angeht, wird Rabbi Israel Singer von niemandem übertroffen. Zusätzlich zu seinem Posten als Generalsekretär beim Jüdischen Weltkongreß hat Singer auch der Claims Conference als Vizepräsident gedient und war Chefunterhändler bei den deutschen Gesprächen über die Zwangsarbeit. Nach den Abkommen mit der Schweiz und Deutschland wiederholte er vor dem Bankenausschuß des Repräsentantenhauses salbungsvoll, daß »es eine Schande wäre«, wenn die Holocaust-Entschädigungen »an Erben statt an Überlebende ausbezahlt« würden. »Wir wollen nicht, daß dieses Geld an Erben ausgezahlt wird. Wir wollen, daß das Geld an die Opfer bezahlt wird.« Doch wie *Haaretz* berichtet, war es vor allem Singer, der dafür eintrat, die Holocaust-Entschädigungen zu verwenden, »um die Bedürfnisse des ganzen jüdischen Volkes zu befriedigen, und nicht nur die jener Juden, die das Glück hatten, den Holocaust zu überstehen und bis ins hohe Alter zu leben.«[69]

Henry Friedlander, der geachtete Historiker der Massenvernichtung der Juden durch die Nazis und selbst ehemaliger Auschwitz-Häftling, skizzierte in einer Veröffentlichung des US Holocaust Memorial Museums für das Kriegsende folgendes Zahlenbild:

> Wenn Anfang 1945 etwa 715 000 Häftlinge in den Lagern waren und zumindest ein Drittel – das heißt etwa 238 000 – im Frühjahr 1945 starben, können wir annehmen, daß höchstens 475 000 Häftlinge überlebten. Da die Juden systematisch ermordet wurden und allenfalls jene, die man zur Arbeit auswählte – in Auschwitz etwa 15 Prozent –, auch nur eine Chance hatten, am Leben zu bleiben, müssen wir davon ausgehen, daß Juden nicht mehr als

> 20 Prozent der Menschen in den Konzentrationslagern (zur Zeit der Befreiung) ausmachten.

»Demnach läßt sich abschätzen«, folgerte er, »daß die Zahl der jüdischen Überlebenden nicht mehr als 100 000 betragen haben kann.« Friedlanders Zahl der bei Kriegsende noch lebenden jüdischen Zwangsarbeiter gilt unter Wissenschaftlern übrigens als relativ hoch. In einer maßgeblichen Untersuchung schrieb Leonard Dinnerstein: »Sechzigtausend Juden ... verließen die Konzentrationslager. Innerhalb einer Woche waren mehr als 20 000 gestorben.«[70]

Während einer Besprechung im Außenministerium im Mai 1999 nannte Stuart Eizenstat eine Gesamtzahl von 70 000 bis 90 000 noch lebender Zwangsarbeiter, Juden wie Nichtjuden, wobei er die Zahl anführte, die von »sie vertretenden Gruppen« stammte.[71] (Eizenstat war US-Chefunterhändler bei den Verhandlungen über Zwangsarbeiter in Deutschland und arbeitete eng mit der Claims Conference zusammen.[72]) Damit läge die Zahl der noch lebenden jüdischen Zwangsarbeiter bei 14 000 bis 18 000 (20 Prozent von 70 000 bis 90 000). Doch als sie in die Verhandlungen mit Deutschland eintrat, verlangte die Holocaust-Industrie Entschädigung für 135 000 noch lebende ehemalige jüdische Zwangsarbeiter. Die Gesamtzahl der noch lebenden ehemaligen Zwangsarbeiter (Juden wie Nichtjuden), wurde mit 250 000 angegeben.[73] Anders gesagt, die Zahl noch lebender ehemaliger jüdischer Zwangsarbeiter hat sich seit Mai 1999 auf fast das Zehnfache erhöht, und das Verhältnis zwischen noch lebenden jüdischen und nichtjüdischen Zwangsarbeitern hat sich drastisch verschoben. Wenn man der Holocaust-Industrie glauben darf, leben heute mehr ehemalige jüdische Zwangsarbeiter als vor einem halben Jahrhundert. »Welch verworrenes Netz spinnen wir«, schrieb Sir Walter Scott, »wenn wir erst anfangen zu betrügen.«

Während die Holocaust-Industrie Zahlenspiele treibt, um ihre Entschädigungsforderungen hochzutreiben, machen sich Antisemiten voller Schadenfreude lustig über die »jüdischen Lügner«, die sogar ihre Toten »verhökern«. Mit dieser Zahlenakrobatik wäscht die Holocaust-Industrie den Nationalsozialismus, wenn auch unbeabsichtigt, rein. Raul Hilberg, beim Thema Holocaust die führende Autorität, gibt die Zahl der ermordeten Juden mit 5,1 Millionen an.[74] Wenn aber heute noch 135 000 ehemalige jüdische Zwangsarbeiter am Leben sind, dann müssen ungefähr 600 000 den Krieg überlebt haben. Das übertrifft die anerkannten Schätzungen um mindestens eine halbe Million. Diese halbe Million müßte man dann von den 5,1 Millionen Ermordeten abziehen. Damit wird nicht nur die Zahl von »6 Millionen« immer unhaltbarer, sondern die Zahlen der Holocaust-Industrie nähern sich rasch denen der Holocaust-Leugner. Man muß im Auge behalten, daß der Nazi-Führer Heinrich Himmler die Gesamtzahl der Lagerinsassen im Januar 1945 auf knapp über 700 000 bezifferte und daß laut Friedlander bis zum Mai etwa ein Drittel von ihnen getötet wurde. Wenn nun aber die Juden nur etwa 20 Prozent der überlebenden KZ-Häftlinge ausmachten und, wie es die Holocaust-Industrie unterstellt, 600 000 jüdische Lagerinsassen den Krieg überlebten, dann müßten insgesamt sogar 3 Millionen Lagerinsassen überlebt haben. Nach diesen Schätzungen der Holocaust-Industrie dürften die Bedingungen in den Konzentrationslagern gar nicht so hart gewesen sein; ihnen zufolge müßte man von einer bemerkenswert hohen Vermehrungs- und einer bemerkenswert niedrigen Sterblichkeitsrate ausgehen.[75]

Als gesicherte Auffassung gilt, daß die »Endlösung« als einmalig effiziente, fließbandartige industrielle Vernichtung abgelaufen ist.[76] Doch wenn, wie die Holocaust-Industrie vorbringt, viele hunderttausend Juden überlebt hätten, könnte die »Endlösung« am Ende gar nicht so effizient abgelaufen sein. Sie müßte weniger zielgerichtet gewesen sein – genau das, was die Holocaust-Leugner vertreten. *Les extrêmes se touchent* – die Extreme berühren einander.

Raul Hilberg hat in einem kürzlich erschienenen Interview betont, daß Zahlen von Bedeutung sind, wenn man die Massenvernichtung der Juden durch die Nazis begreifen will. Die von der Claims Conference geänderten Zahlen stellen sein eigenes Verständnis in der Tat radikal in Frage. Laut »Positionspapier« der Claims Conference für die Verhandlungen mit Deutschland über die Zwangsarbeit war diese »… eine der drei von den Nazis angewandten Hauptmethoden, die Juden zu ermorden – die anderen beiden waren Erschießen und Vergasen. Einer der Zwecke der Sklavenarbeit war es, daß die Menschen sich zu Tode arbeiteten … In diesem Zusammenhang ist der Ausdruck ›Sklave‹ nicht ganz zutreffend. In der Regel sind Sklavenhalter daran interessiert, Leben und Arbeitsfähigkeit ihrer Sklaven zu erhalten. Bei diesen ›Sklaven‹ hatten die Nazis jedoch vorgesehen, ihre Arbeitskraft zu nutzen und die ›Sklaven‹ anschließend zu vernichten.« Abgesehen von Holocaust-Leugnern hat bisher kein Mensch bestritten, daß die Nazis die Zwangsarbeiter für dieses schreckliche Schicksal bestimmt hatten. Wie lassen sich diese anerkannten Tatsachen aber mit der Behauptung in Einklang bringen, in den Lagern hätten viele hunderttausend jüdischer Zwangsarbeiter überlebt? Hat die Claims Conference dadurch nicht eine Bresche in die Mauer geschlagen, die die schreckliche Wahrheit über den Holocaust von der Leugnung des Holocaust trennte?[77]

In einer ganzseitigen Anzeige in der *New York Times* verurteilten Größen der Holocaust-Industrie wie Eli Wiesel, Rabbi Marvin Hier und Steven T. Katz »Syriens Leugnung des Holocaust«. Der Text zog über einen Leitartikel in einer regierungsoffiziellen syrischen Zeitung her, in dem behauptet wurde, daß Israel »Geschichten über den Holocaust erfindet«, um »mehr Geld von Deutschland und von verschiedenen europäischen Institutionen zu erhalten«. Leider trifft der syrische Vorwurf zu. Doch die Ironie, die sowohl der syrischen Regierung als auch den Unterzeichnern der Anzeige entging, liegt darin, daß diese Geschichten, die von vielen hunderttausend Überlebenden sprechen, selbst eine Art von Leugnung des Holocaust darstellen.[78]

Das Abkassieren der Schweiz und Deutschlands ist nur ein Vorspiel für das große Finale gewesen: Jetzt wird auch Osteuropa abkassiert. Mit dem Zusammenbruch des Ostblocks eröffneten sich im einstigen Kernland des europäischen Judentums verlockende Aussichten. Die Holocaust-Industrie, die sich in das fromme Mäntelchen »bedürftiger Holocaust-Opfer« hüllt, hat versucht, Milliarden von Dollars aus diesen bereits verarmten Ländern herauszupressen. Dieses Ziel verfolgt sie mit rücksichtslosem und unbarmherzigem Eifer, und so ist es vor allem sie, die den Antisemitismus in Europa schürt.

Die Holocaust-Industrie hat sich zum einzigen legitimen Anspruchsberechtigten für all die Besitztümer der Gemeinden und Einzelpersonen aufgeschwungen, die der Massenvernichtung der Juden durch die Nazis zum Opfer gefallen sind. »Wir sind mit der israelischen Regierung übereingekommen«, teilte Bronfman dem Bankenausschuß des Repräsentantenhauses mit, »daß Besitztümer ohne Erben an die World Jewish Restitution Organization fallen sollen.« Unter Verwendung dieses »Mandats« hat die Holocaust-Industrie Länder des ehemaligen Ostblocks aufgefordert, sämtlichen jüdischen Vorkriegsbesitz auszuhändigen oder entsprechende finanzielle Entschädigungen zu leisten.[79] Anders als im Fall der Schweiz und Deutschlands erhebt sie diese Forderungen jedoch abseits des Lichtes der Öffentlichkeit. Bisher hat sich die öffentliche Meinung nicht gegen die Erpressung Schweizer Bankiers und deutscher Industrieller gestellt, aber einer Erpressung hungernder polnischer Bauern dürfte sie kaum so freundlich zusehen. Auch Juden, die während der Naziverfolgung Familienmitglieder verloren haben, dürften einen bitteren Blick auf die Machenschaften der WJRO werfen. Der Anspruch, legitimer Erbe jener zu sein, die gestorben sind, um sich so deren Besitz anzueignen, könnte leicht als Erbschleicherei mißverstanden werden. Andererseits ist die Holocaust-Industrie nicht auf die Mobilisierung der öffentlichen Meinung angewiesen. Mit Hilfe wichtiger Regierungsmitglieder der USA können sie den schwachen Widerstand von Ländern, die bereits am Boden liegen, leicht brechen.

»Man muß begreifen«, teilte Stuart Eizenstat vor einem Parlamentsausschuß mit, »daß unsere Bemühungen um Rückgabe von Gemeindeeigentum entscheidender Bestandteil der Wiedergeburt und der Erneuerung jüdischen Lebens« in Osteuropa sind. Die World Jewish Restitution Organization fordert, angeblich um das »Wiederaufleben« jüdischen Lebens in Polen »zu fördern«, daß ihr die 6000 Liegenschaften jüdischer Vorkriegsgemeinden übereignet werden, einschließlich solcher, die derzeit als Krankenhäuser oder Schulen genutzt werden. Vor dem Krieg lebten in Polen 3,5 Millionen Juden; heute sind es ein paar tausend. Erfordert die Belebung des jüdischen Lebens wirklich eine Synagoge oder ein Schulgebäude für jeden einzelnen polnischen Juden? Die Organisation erhebt ebenfalls Anspruch auf einige hunderttausend polnische Grundstücke, deren Wert Milliarden Dollar betragen dürfte. »Polnische Offizielle befürchten«, berichtet die *Jewish Week,* daß die Forderung »das Land in den Bankrott treiben könnte.« Als das polnische Parlament vorschlug, die Entschädigung zu begrenzen, um die Zahlungsunfähigkeit zu vermeiden, wertete Elan Steinberg vom WJC das Gesetz als »grundlegend antiamerikanischen Akt«.[80]

Um Polen die Schrauben stärker anzuziehen, brachten die Anwälte der Holocaust-Industrie bei Richter Kormans Gericht eine Sammelklage ein, wonach »alternde und sterbende Holocaust-Überlebende« entschädigt werden sollten. In der Klage wurde der Vorwurf erhoben, daß die polnischen Nachkriegsregierungen »während der vergangenen vierundfünfzig Jahre« gegenüber den Juden ständig eine mörderische Politik »der Vertreibung bis Vernichtung« betrieben hätten. Mitglieder des New Yorker Stadtrats sprangen ihnen mit einer einstimmigen Resolution bei, in der Polen aufgefordert wurde, »ein umfassendes Gesetz zu verabschieden, das eine vollständige Rückgabe von Vermögenswerten von Holocaust-Opfern ermöglicht«, während 57 Kongreßabgeordnete (angeführt von dem Abgeordneten Anthony Weiner aus New York) in einem Brief an das polnische Parlament »ein umfassendes Gesetz« verlangen, »mit dem 100 Prozent aller während des Holocaust beschlagnahmten Liegenschaften und Besitztümer erstattet werden«. »Da die betroffenen Menschen mit jedem Tag älter werden«, war da zu lesen, »läuft die Zeit ab, in der diese Leute, denen Unrecht geschehen ist, entschädigt werden können.«[81]

In einer Aussage vor dem Bankenausschuß des Senats beklagte Stuart Eizenstat die lahme Gangart bei den Räumungsverfahren in Osteuropa: »Bei der Rückgabe von Liegenschaften ist eine Vielzahl von Problemen aufgetaucht. Beispielsweise hat man in manchen Ländern Personen oder Gemeinden, die versucht haben, Immobilien einzufordern, gebeten, manchmal sogar von ihnen verlangt…, den derzeitigen Mietern zu gestatten, dort noch für längere Zeit zu bleiben, wofür diese eine staatlich kontrollierte geringe Miete bezahlen würden.«[82] Besonders erregte sich Eizenstat über die Verfehlungen Weißrußlands. Weißrußland liege bei der Übergabe jüdischen Vorkriegseigentums »sehr, sehr weit« zurück, teilte er dem außenpolitischen Ausschuß des Repräsentantenhauses mit.[83] In Weißrußland beträgt das durchschnittliche Monatseinkommen 100 Dollar.

Um widerspenstige Regierungen zur Unterwerfung zu zwingen, schwingt die Holocaust-Industrie den Knüppel der US-Sanktionen. Eizenstat drängte den Kongreß, die Entschädigung für den Holocaust »höher einzustufen« und sie »ganz oben auf die Liste« der Anforderungen an jene Länder Osteuropas zu setzen, die den Beitritt zur OECD, zur WHO, zur Europäischen Union, zur Nato und zum Europarat anstrebten: »Sie werden zuhören, wenn Sie sprechen ... Sie werden den Hinweis verstehen.« Israel Singer vom WJC forderte den Kongreß auf, »weiterhin auf die Einkaufsliste zu achten«, um »sicherzustellen«, daß jedes Land vollständig bezahlt. »Es ist äußerst wichtig, daß die in diese Angelegenheit verstrickten Länder verstehen«, meinte der Abgeordnete Benjamin Gilman vom außenpolitischen Ausschuß des Parlaments, »daß ihre Reaktion ... einer von mehreren Gesichtspunkten ist, nach denen die Vereinigten Staaten ihre bilateralen Beziehungen bewerten.« Avraham Hirschson, Vorsitzender des israelischen Knesseth-Ausschusses für die Rückgabe und Vertreter Israels bei der World Jewish Restitution Organization, zollte der Komplizenschaft des Kongresses beim Abkassieren seinen Tribut. In Erinnerung an seine

»Kämpfe« mit dem rumänischen Minsterpräsidenten sagte Hirschson aus: »Aber mitten im Gefecht bat ich, etwas anmerken zu dürfen, und das änderte die ganze Atmosphäre. Ich sagte ihm, wissen Sie, in zwei Tagen werde ich bei einer Anhörung hier im Kongreß aussagen. Was möchten Sie, daß ich denen bei der Anhörung sage? Die ganze Atmosphäre war anders.« Der Jüdische Weltkongreß hat »eine ganze Holocaust-Industrie hervorgebracht«, warnt ein Anwalt, der Überlebende vertritt, und hat »sich der Förderung … einer sehr häßlichen Wiederauferstehung des Antisemitismus in Europa … schuldig gemacht«.[84]

»Ohne die Vereinigten Staaten von Amerika«, merkte Eizenstat in seiner Lobrede für den Kongreß passend an, »würden heute, wenn überhaupt, nur sehr wenige dieser Aktivitäten weitergehen.« Um den auf Osteuropa ausgeübten Druck zu rechtfertigen, erklärte er, es sei ein Gütesiegel der Moral des »Westens«, »unrechtmäßig angeeigneten Besitz von Gemeinden oder Privatpersonen zurückzugeben oder finanziell zu entschädigen«. Für die »neuen Demokratien« in Osteuropa würde die Erfüllung dieses Kriteriums »ihrem Übergang vom Totalitarismus zu demokratisch verfaßten Staatswesen entsprechen«. Eizenstat ist ein hoher Beamter der US-Regierung und bekannter Unterstützer Israels. Doch wenn man die USA oder Israel an den entsprechenden Forderungen der amerikanischen Ureinwohner oder der Palästinenser mißt, so hat keiner von beiden diesen Übergang vollzogen.[85]

In seiner Aussage vor dem Repräsentantenhaus beschwor Hirschson das melancholische Bild von den alternden »bedürftigen Holocaust-Opfern« aus Polen, »die jeden Tag in mein Büro in der Knesseth kommen... und darum bitten, ihr Eigentum zurückzubekommen..., die Häuser und die Läden zurückzuerhalten, die sie zurückgelassen haben«. Unterdessen eröffnet die Holocaust-Industrie den Kampf an einer weiteren Front. Jüdische Gemeinden in Osteuropa, die den fadenscheinigen Anspruch der World Jewish Restitution Organization zurückweisen, haben ihre eigenen Ansprüche auf erbenlosen jüdischen Besitz geltend gemacht. Soweit ist es also mit dem erhofften Wiedererstehen des jüdischen Lebens schon gekommen, daß osteuropäische Juden ihre neu entdeckten Wurzeln für einen Anteil an der Holocaust-Beute einsetzen.[86]

Die Holocaust-Industrie rühmt sich, Entschädigungsgelder für wohltätige jüdische Zwecke bestimmt zu haben. »Wohltätigkeit ist gewiß eine gute Sache«, merkt ein Anwalt an, der die eigentlichen Opfer vertritt, »doch es ist nicht richtig, sie mit anderer Leute Geld zu betreiben.« Ein besonders beliebtes Anliegen ist die »Holocaust-Erziehung« – das »größte Vermächtnis all unserer Bemühungen«, wie Eizenstat meint. Hirschson etwa ist der Gründer des »Marsches der Lebenden« – ein Herzstück der Holocaust-Erziehung und wichtiger Empfänger von Entschädigungsgeldern. Bei diesem zionistisch inspirierten Schauspiel kommen jüdische Jugendliche aus aller Welt in den Todeslagern in Polen zusammen, um sich aus erster Hand darüber zu informieren, zu welcher Bösartigkeit Nichtjuden fähig sind, ehe sie zur Errettung nach Israel ausgeflogen werden. Der *Jerusalem Report* hat bei dem Marsch den folgenden Holocaust-Kitsch eingefangen: »›Ich habe solche Angst, ich kann nicht mehr weiter, ich möchte schon in Israel sein‹, wiederholt eine junge Frau aus Connecticut immer wieder. Sie zittert... Plötzlich zieht ihr Freund eine große israelische Fahne hervor. Sie hüllt beide damit ein, und sie gehen weiter.« Eine israelische Fahne: Geh' niemals ohne sie aus.[87]

Anläßlich einer Rede bei der Washington Conference on Holocaust-Era Assets zeigte David Harris wortreiche Begeisterung darüber, welch »tiefe Eindrücke« diese Pilgerfahrten zu den Todeslagern der Nazis bei der jüdischen Jugend hinterließen. Der *Forward* hielt einen mit einem ganz besonderen Pathos befrachteten Vorfall fest. Unter der Schlagzeile »Nach dem Besuch von Auschwitz feiern israelische Teens mit Stripperinnen« erläuterte die Zeitung, daß die Kibbuz-Studenten Experten zufolge »Stripperinnen anheuerten, um die durch den Ausflug aufgewühlten verstörenden Gefühle abzureagieren«. Offenbar waren die jüdischen Studenten auf einem Ausflug zum US Holocaust Memorial Museum von denselben heftigen Gemütsbewegungen befallen, als sie, wie der *Forward* schreibt, »herumrannten, es sich gutgehen ließen, einander befummelten und was nicht sonst noch alles«.[88] Wer kann die Weisheit der Entscheidung der Holocaust-Industrie anzweifeln, Entschädigungsgelder lieber für die Holocaust-Erziehung vorzusehen, als »die Mittel« für Überlebende der Nazi-Todeslager »zu vergeuden« (Nahum Goldmann)?[89]

Im Januar 2000 nahmen Vertreter von fast fünfzig Staaten, darunter der israelische Ministerpräsident Ehud Barak, an einer großen Konferenz zur Holocaust-

Erziehung in Stockholm teil. In der Schlußerklärung unterstrich man die »feierliche Verpflichtung« der internationalen Gemeinschaft, die Übel des Völkermords, der ethnischen Säuberungen, des Rassismus und der Fremdenfeindlichkeit zu bekämpfen. Anschließend fragte ein schwedischer Reporter Barak nach den palästinensischen Flüchtlingen. Er sei, erwiderte Barak, grundsätzlich dagegen, auch nur einen einzigen Flüchtling nach Israel hineinzulassen: »Für Flüchtlinge können wir weder eine moralische noch eine gesetzliche oder eine andere Verantwortung übernehmen.« Unverkennbar: Die Konferenz ist ein gewaltiger Erfolg gewesen.[90]

Der von der Jewish Claims Conference herausgegebene offizielle *Guide to Compensation and Restitution for Holocaust Survivors* (Handbuch zur Entschädigung und Rückgabe für Holocaust-Überlebende) führt jede Menge von organisatorischen Ablegern auf. Eine umfangreiche, finanziell hervorragend ausgestattete Bürokratie ist entstanden. Versicherungsgesellschaften, Kunstmuseen, private Unternehmen, Pächter und Bauern in fast allen europäischen Ländern stehen unter dem Einfluß der Holocaust-Industrie. Doch die »bedürftigen Holocaust-Opfer«, in deren Namen die Holocaust-Industrie handelt, beklagen sich, daß diese »lediglich die Enteignung fortsetzt«. Viele haben gegen die Claims Conference Klage eingereicht. DER HOLOCAUST könnte sich noch als der »größte Raubzug der Menschheitsgeschichte«[91] herausstellen.

Als Israel nach dem Krieg erstmals wegen Reparationen mit Deutschland in Verhandlungen trat, schlug der

Außenminister Moshe Sharett nach einem Bericht des Historikers Ilan Pappe vor, einen Teil an palästinensische Flüchtlinge weiterzuleiten, »um zu korrigieren, was man als das kleinere Unrecht (die Tragödie der Palästinenser) bezeichnet hat, welches durch das schrecklichere (den Holocaust) verursacht wurde«.[92] Er blieb bei dem Vorschlag. Ein bekannter israelischer Wissenschaftler hat angeregt, einiges von den Mitteln der Schweizer Banken und der deutschen Firmen für die »Entschädigung arabischer Palästina-Flüchtlinge«[93] zu verwenden. Da man davon ausgehen muß, daß fast alle Überlebenden der Massenvernichtung durch die Nazis inzwischen gestorben sind, scheint das ein vernünftiger Vorschlag zu sein.

In erlesenstem WJC-Stil verkündete Israel Singer am 13. März 2000 »die aufregende Nachricht«, ein kürzlich freigegebenes Dokument der USA habe enthüllt, daß Österreich erbenlose Besitztümer aus der Holocaust-Ära zurückhalte, die weitere 10 Milliarden Dollar wert seien. Singer monierte auch, daß »50 Prozent der Kunstschätze in Amerika geraubte jüdische Kunstgegenstände sind«.[94] Die Holocaust-Industrie ist eindeutig dabei durchzudrehen.

Schlußbemerkung

Mir bleibt nur noch, die Auswirkungen DES HOLOCAUST in den Vereinigten Staaten zu betrachten. Dabei möchte ich mich auch mit Peter Novicks kritischen Anmerkungen zu diesem Thema auseinandersetzen.

Abgesehen von Holocaust-Gedenkstätten werden von immerhin siebzehn Bundesstaaten Holocaust-Lehrprogramme in den Schulen durchgeführt oder empfohlen; viele Colleges und Universitäten haben Lehrstühle für die weitere Erforschung des Holocaust eingerichtet. Es vergeht kaum eine Woche, in der nicht ein mit dem Holocaust zusammenhängender Artikel in der *New York Times* erscheint. Nach vorsichtigen Schätzungen liegt die Zahl wissenschaftlicher Untersuchungen, die der »Endlösung« der Nazis gewidmet sind, bei über 10 000. Man vergleiche dies mit der wissenschaftlichen Literatur zum Massensterben im Kongo. Im Zuge der Ausbeutung kongolesischer Elfenbein- und Kautschukvorräte kamen zwischen 1891 und 1911 an die 10 Millionen Afrikaner um. Doch das erste und einzige wissenschaftliche Werk über dieses Thema ist vor zwei Jahren erschienen.[1]

Angesichts der großen Zahl von Institutionen und

Menschen, die professionell damit befaßt sind, sein Andenken zu bewahren, ist DER HOLOCAUST mittlerweile fest im amerikanischen Leben verwurzelt. Novick äußert jedoch Bedenken, ob das wirklich gut ist. Zunächst führt er zahlreiche Beispiele für dessen Absinken in Gewöhnlichkeit an. Es ist in der Tat gar nicht so einfach, auch nur ein einziges politisches Anliegen zu nennen – seien es nun die Aktionen *pro-life, pro-choice* oder auch die für die Rechte der Tiere oder der Bundesstaaten –, das nicht den Holocaust einbezogen hat. Elie Wiesel, der über die schäbigen Zwecke schimpft, für die der Holocaust herangezogen wird, hat erklärt: »Ich schwöre … ich werde jedes vulgäre Spektakel vermeiden.«[2] Doch Novick berichtet, daß »der phantasievollste und subtilste Phototermin im Jahre 1996 stattfand, als Hillary Clinton, damals wegen verschiedener vorgeblicher Verfehlungen schwer unter Beschuß, während der (von vielen Fernsehstationen übertragenen) Rede ihres Mannes zur Lage der Nation auf der Galerie des Abgeordnetenhauses erschien, flankiert von ihrer Tochter Chelsea und Elie Wiesel«.[3] Die während der Nato-Bombardements von Serbien zur Flucht gezwungenen Kosovaren erinnerten Hillary Clinton an die Holocaust-Szenen in *Schindlers Liste*. »Leute, die aus Spielberg-Filmen Geschichte lernen«, kommentierte ein serbischer Dissident bitter, »sollten uns nicht erzählen, wie wir unser Leben zu leben haben.«[4]

Den »Holocaust als eine amerikanische Erinnerung auszugeben«, so argumentiert Novick weiter, sei eine moralische Ausflucht. Sie »führt dazu, daß man sich um die Verantwortlichkeit herumdrückt, die die Amerikaner *wirklich* angeht, wenn sie sich ihrer Vergangenheit, ihrer Gegenwart und ihrer Zukunft stellen«.[5] Hier verweist er auf einen wichtigen Punkt. Es ist viel leichter, die Verbrechen anderer zu beklagen, als sich selbst anzusehen. Es ist jedoch auch wahr, daß wir, wenn wir nur wollten, aus der Erfahrung mit den Nazis viel über uns selbst lernen könnten. Die unter der Bezeichnung »Manifest Destiny« bekannte Ideologie einer unvermeidlichen Expansion der Vereinigten Staaten nach Westen und darüber hinaus hat viele der ideologischen und programmatischen Elemente von Hitlers Lebensraum-Politik vorweggenommen. Tatsächlich hat Hitler seine Eroberung des Ostens nach dem Vorbild der amerikanischen Eroberung des Westens ausgerichtet.[6] Während der ersten Hälfte des Jahrhunderts verabschiedete die Mehrheit der amerikanischen Staaten Sterilisationsgesetze, und einige zehntausend Amerikaner wurden gegen ihren Willen sterilisiert. Die Nazis bezogen sich ausdrücklich auf dieses Vorbild der USA, als sie ihre eigenen Sterilisationsgesetze verabschiedeten.[7] Mit den berüchtigten Nürnberger Rassengesetzen wurde den Juden das Wahlrecht aberkannt und die rassische Vermischung zwischen Juden und Nichtjuden verboten. Die Schwarzen im amerikanischen Süden mußten die gleichen gesetzlichen Beschränkungen hinnehmen und waren in viel größerem Ausmaß der spontanen und gebilligten Gewalt der Bevölkerung ausgesetzt als die Juden im Deutschland der Vorkriegszeit.[8]

Um Verbrechen hervorzuheben, die sich im Ausland abspielen, zitieren die USA häufig DEN HOLOCAUST herbei. Noch erhellender ist jedoch, *wann* die USA auf

DEN HOLOCAUST bezug nehmen. Verbrechen offizieller Feinde wie das Blutbad der Roten Khmer in Kambodscha, die sowjetische Invasion in Afghanistan, der irakische Einmarsch in Kuwait und die ethnischen Säuberungen der Serben im Kosovo erinnern an den Holocaust; bei Verbrechen, an denen die USA beteiligt sind, ist das nicht der Fall.

Gerade als sich die Greueltaten der Roten Khmer in Kambodscha ereigneten, schlachtete die von den USA unterstützte Regierung Indonesiens ein Drittel der Bevölkerung von Ost-Timor ab. Doch anders als Kambodscha schaffte es der Völkermord von Ost-Timor nicht, mit dem Holocaust verglichen zu werden; er brachte es nicht einmal zur Berichterstattung durch die Medien.[9] Gerade als die Sowjetunion das beging, was vom Simon-Wiesenthal-Zentrum als »weiterer Völkermord« in Afghanistan bezeichnet wurde, unternahm das von den USA gestützte Regime in Guatemala das, was die guatemaltekische Wahrheitskommission kürzlich als »Völkermord« an der eingeborenen Maya-Bevölkerung bezeichnete. Präsident Reagan tat die Vorwürfe gegen die Regierung Guatemalas als »üble Nachrede« ab. Um Jeane Kirkpatrick dafür zu ehren, daß sie im Namen der Reagan-Regierung die sich ausbreitenden Verbrechen in Mittelamerika verteidigte, verlieh ihr das Simon-Wiesenthal-Zentrum die Auszeichnung »Humanitarian of the Year«.[10] Von privater Seite wurde Simon Wiesenthal vor der Ehrung beschworen, sich das noch einmal zu überlegen. Er lehnte ab. Elie Wiesel wurde von privater Seite dringend gebeten, bei der israelischen Regierung vorstellig zu werden, die ein wichtiger Waffenlieferant für die Schlächter von Guatemala war. Auch das lehnte er ab. Die Regierung Carter bemühte das Andenken an den Holocaust, als sie eine Zuflucht für die vietnamesischen »Boat-People« suchte, die vor dem kommunistischen Regime flohen. Die Clinton-Regierung vergaß den Holocaust, als sie »Boat-People« aus Haiti zur Rückkehr zwang, die vor den (von den USA unterstützten) Todesschwadronen flohen.[11]

Als im Frühjahr 1999 der von den USA angeführte Bombenkrieg der Nato gegen Serbien begann, lauerte überall die Erinnerung an den Holocaust. Wie wir gesehen haben, hat Daniel Goldhagen die serbischen Verbrechen gegen den Kosovo mit der »Endlösung« verglichen, und auf Präsident Clintons Bitte reiste Elie Wiesel zu den Flüchtlingslagern der Kosovaren in Mazedonien und Albanien. Noch ehe Wiesel auf ein Stichwort hin Tränen für die Kosovaren vergoß, hatte das von den USA gestützte Regime in Indonesien jedoch schon wieder dort angefangen, wo es Ende der siebziger Jahre aufgehört hatte: Es beging neue Massaker in Ost-Timor. Doch der Holocaust schwand aus dem Gedächtnis, als die Clinton-Regierung bei diesem Blutvergießen abwiegelte. »Indonesien ist wichtig«, erklärte ein westlicher Diplomat, »und Ost-Timor nicht.«[12]

Novick verweist auf eine passive Komplizenschaft der USA bei menschlichen Katastrophen, die in der Größenordnung mit den Massenvernichtungen der Nazis vergleichbar sind, auch wenn sie in anderer Hinsicht nichts mit ihnen gemein haben. Mit Hinweis auf die Million Kinder, die im Zuge der »Endlösung« ermordet wurden, merkt er an, daß amerikanische Präsidenten kaum mehr als fromme Reden übrig haben, wenn weltweit jedes Jahr eine mehrfach größere Zahl von Kindern »an Unterernährung und vermeidbaren Krankheiten stirbt«.[13] Man könnte auch einen eklatanten Fall *aktiver* Komplizenschaft der USA in Betracht ziehen. Nachdem die von den USA angeführte Koalition den Irak 1991 verwüstet hatte, um »Saddam-Hitler« zu bestrafen, erzwangen die Vereinigten Staaten und Großbritannien mörderische UN-Sanktionen gegen dieses vom Unglück verfolgte Volk, mit dem Ziel, Saddam zu stürzen. Wie während der Massenvernichtung der Juden durch die Nazis sind auch hier möglicherweise eine Million Kinder umgekommen.[14] Als Außenministerin Madeleine Albright von einem amerikanischen Fernsehsender zu dem grausigen Blutzoll im Irak befragt wurde, erwiderte sie, daß »es den Preis wert ist«.

»Da der Holocaust ein derartiges Extrem darstellt«, argumentiert Novick, »ist die Möglichkeit, daß er uns etwas lehren könnte, das in unsere Alltagswelt umzusetzen ist, erheblich eingeschränkt.« Als »Maßstab für Unterdrückung und Grausamkeit« führt er tendenziell dazu, daß »Verbrechen geringeren Umfangs banalisiert« werden.[15] Doch der Massenmord durch die Nazis kann uns auch für diese Ungerechtigkeiten sensibilisieren. Mit dem Gedanken an Auschwitz im Hinterkopf kann das, was vorher als selbstverständlich angesehen wurde – Fanatismus zum Beispiel –, nicht mehr hingenommen werden.[16] In der Tat war es der Genozid der Nazis, der den im Geistesleben Amerikas vor dem Zweiten Weltkrieg so umfassend verbreiteten wissenschaftlichen Rassismus in Verruf brachte.[17]

Für jene, die sich für mehr Menschlichkeit einsetzen, schließt ein Prüfstein des Bösen Vergleiche nicht aus, sondern lädt eher noch dazu ein. In der moralischen Welt des späten neunzehnten Jahrhunderts nahm die Sklaverei in etwa die gleiche Stellung ein wie die Massenvernichtung der Juden durch die Nazis heute. Dementsprechend wurde sie oft herangezogen, um Mißstände zu illustrieren, die nicht in ihrem vollem Ausmaß anerkannt wurden. John Stuart Mill verglich die Lage der Frau in der so geheiligten viktorianischen Institution der Ehe mit der Sklaverei. Er wagte sogar zu sagen, daß sie in entscheidenden Merkmalen schlimmer sei. »Es liegt mir fern zu behaupten, Frauen würden in der Regel nicht besser behandelt als Sklaven; aber kein Sklave ist in demselben Ausmaß und in so uneingeschränktem Wortsinne Sklave wie eine Ehefrau.«[18] Nur jene, die ein als Maßstab geltendes Übel nicht als moralischen Kompaß, sondern vielmehr als ideologische Keule benutzen, schrecken vor solchen Analogien zurück. »Das kann man nicht vergleichen« ist der Glaubenssatz moralischer Erpresser.[19]

Die organisierten Juden Amerikas haben den Massenmord der Nazis ausgebeutet, um Kritik an Israel und an ihrer eigenen unhaltbaren Politik abzuwehren. Mit der von ihnen verfolgten Politik sind Israel und die amerikanischen Juden in eine strukturell gleiche Lage geraten: Beider Schicksal hängt nun an einem dünnen Faden, den die herrschenden Eliten Amerikas in Händen halten. Sollten diese Eliten je zu dem Schluß kommen, daß Israel eine Belastung darstellt oder die amerikanischen Juden entbehrlich sind, könnte der Faden durchtrennt werden. Das ist zweifellos eine Spekulation – vielleicht eine unangemesse Warnung, vielleicht auch nicht.

Es ist jedoch ein Kinderspiel, die Haltung der amerikanischen Juden vorauszusagen, falls dies eintreten sollte. Falls Israel aus der Gunst der Vereinigten Staaten fiele, würden viele jener Führer, die Israel heute tapfer verteidigen, mutig ihre Abneigung gegen den jüdischen Staat verbreiten und die amerikanischen Juden verbal dafür geißeln, daß sie Israel zur Religion gemacht haben. Und sollten die herrschenden Kreise der USA beschließen, Juden zum Sündenbock zu machen, würde es uns nicht überraschen, wenn die Führer der amerikanischen Juden wieder genauso handeln würden wie ihre Vorfahren während der Verfolgung durch die Nazis. »Wir glaubten nicht, daß die Deutschen sich der Juden bedienen würden«, erinnerte sich Yitzhak Zuckerman, einer der Anführer des Aufstandes im Warschauer Ghetto, »daß Juden andere Juden in den Tod führen würden.«[20]

Im Verlauf einer Reihe öffentlicher Auseinandersetzungen in den achtziger Jahren sprachen sich viele bekannte deutsche und nichtdeutsche Wissenschaftler dagegen aus, die Schandtaten des Nationalsozialismus zu »historisieren«. Man befürchtete, eine Historisierung könnte zu moralischer Selbstzufriedenheit führen.[21] Auch wenn das Argument damals stichhaltig gewesen sein mag, heute ist es nicht mehr überzeugend. Die schwindelerregenden Ausmaße von Hitlers »Endlösung« sind mittlerweile hinlänglich bekannt. Und ist nicht auch die »normale« Menschheitsgeschichte voll von schreckenerregenden Kapiteln der Unmenschlichkeit? Ein Verbrechen muß nicht unvergleichlich sein, um Sühne zu verdienen. Heute besteht die Herausforderung darin, die Massenvernichtung der Juden durch die Nazis wieder zu einem rationalen Forschungsgegenstand zu machen. Nur dann können wir wirklich etwas daraus lernen.

Die Unvergleichlichkeit, ja Außergeschichtlichkeit des Massenmords an den Juden entspringt nicht dem Ereignis selbst, sondern ist vor allem Produkt der ausbeuterischen Industrie, die sich danach entwickelt hat. Die Holocaust-Industrie ist schon immer bankrott gewesen. Es bleibt nur noch, das offen auszusprechen. Die Zeit, sie aus dem Geschäft zu ziehen, ist längst überfällig. Die edelste Geste gegenüber jenen, die umgekommen sind, besteht darin, ihr Andenken zu bewahren, aus ihrem Leiden zu lernen und sie endlich in Frieden ruhen zu lassen.

Aktueller Nachtrag zur deutschen Ausgabe

Im dritten Kapitel des vorliegenden Buches habe ich dokumentiert, wie die Holocaust-Industrie sowohl bei europäischen Ländern als auch bei jüdischen Überlebenden des Völkermords der Nazis »doppelt abkassiert« hat. Die neueste Entwicklung bestätigt diese Analyse. Um meine Argumentation zu belegen, ist nichts weiter nötig, als die problemlos öffentlich zugänglichen Dokumente kritisch und eingehend zu prüfen.

Ende August 2000 verkündete der Jüdische Weltkongreß (WJC), er verfüge über sage und schreibe 9 Milliarden Dollar aus Entschädigungen im Zusammenhang mit dem Holocaust.[1] Sie waren im Namen »bedürftiger Holocaust-Opfer« eingetrieben worden, doch nun behauptete der WJC, die Gelder würden dem »jüdischen Volk in seiner Gesamtheit« zustehen (Elan Steinberg, geschäftsführender Direktor des WJC). Praktischerweise ist der WJC der selbsternannte Vertreter des »jüdischen Volkes in seiner Gesamtheit«. Mittlerweile feierte man mit einem vom WJC-Präsidenten Edgar Bronfman gesponserten Holocaust-Entschädigungsfestbankett im New Yorker Hotel Pierre die Gründung einer »Stiftung des jüdischen Volkes«, mit der jüdische Organisationen sowie die »Holocaust-Erziehung« unterstützt werden sollen. (Ein jüdischer Kritiker des »Festbanketts zum Thema Holocaust« beschwor folgendes Szenario: »Massenmord. Schreckliche Plünderungen. Sklavenarbeit. Lasset uns essen.«) Die finanzielle Ausstattung der Stiftung würde von den »verbleibenden« Geldern aus der Holocaust-Entschädigung stammen, die sich auf »wahrscheinlich Milliarden von Dollar« belaufen würden (Steinberg). Wieso der WJC bereits wußte, daß »wahrscheinlich Milliarden« übrigbleiben würden, obwohl noch keinerlei Entschädigungen an die Opfer des Holocaust ausgezahlt worden waren, wissen die Götter. Tatsächlich war noch nicht einmal bekannt, wie viele dafür in Frage kamen. Oder trieb die Holocaust-Industrie Entschädigungsgelder im Namen »bedürftiger Holocaust-Opfer« ein, während sie sich die ganze Zeit über bewußt war, daß »wahrscheinlich Milliarden« übrigbleiben würden? Damit stellte die Holocaust-Industrie nun zwei einander widersprechende Behauptungen auf: Einerseits hieß es, die Vergleichsvereinbarungen mit Deutschland und der Schweiz würden nur magere Beträge für Überlebende erbringen, andererseits, es würden »wahrscheinlich Milliarden« übrigbleiben.

Wie vorauszusehen war, reagierten Überlebende des Holocaust zornig. (Bei der Gründung der Stiftung war keiner von ihnen beteiligt.) »Wer hat diesen Organisationen erlaubt, die Entscheidung zu treffen«, hieß es im Leitartikel einer Zeitschrift der Überlebenden ärgerlich, »daß die ›Reste‹ (in Milliardenhöhe), die man im Namen von Shoah-Opfern erhalten hat, für ihre Lieblingsprojekte eingesetzt werden, anstatt *allen* Überlebenden des Holocaust bei den steigenden Kosten für ihre medizinische Versorgung zu helfen?« Angesichts des Sperrfeuers negativer Reaktionen der Öffentlichkeit vollzog der WJC eine plötzliche Kehrtwendung. Die Zahl von 9 Milliarden sei ein wenig irreführend gewesen, erklärte Steinberg in der Folge. Außerdem behauptete er, die Stiftung verfüge über »kein Geld und keinen Plan, Geldmittel zu verteilen«, und mit dem Holocaust-Bankett habe man nicht bezweckt, die finanzielle Ausstattung der Stiftung mit Geldern aus der Holocaust-Entschädigung zu feiern, sondern vielmehr angestrebt, Mittel dafür einzuwerben. Ältere jüdische Überlebende, die man vorher nicht gefragt, geschweige denn zu der »mit Stars gespickten Gala« ins Hotel Pierre geladen hatte, demonstrierten draußen vor der Tür.

Unter den im Pierre Gefeierten befand sich auch Präsident Clinton, der bewegend daran erinnerte, daß die Vereinigten Staaten an vorderster Front stünden, wenn es darum ginge, »einer häßlichen Vergangenheit ins Gesicht zu sehen«: »Ich bin in Reservaten der amerikanischen Ureinwohner gewesen und habe erkannt, daß die von uns unterzeichneten Verträge in vielen Fällen weder gerecht waren noch in ehrenwerter Weise eingehalten wurden. Ich bin nach Afrika gegangen … und habe die Verantwortung der Vereinigten Staaten für den Verkauf von Menschen in die Sklaverei anerkannt. Wir bemühen uns darum, den innersten Kern unserer Menschlichkeit aufzuspüren, und das ist eine schwere Aufgabe.« Was bei all diesen Beispielen der »schweren Aufgabe« erkennbar fehlte, war eine Wiedergutmachung in harter Währung.[2]

Am 11. September 2000 wurde schließlich der »vom Sonderbevollmächtigten vorgeschlagene Plan zur Auszahlung und Verteilung der Einnahmen aus dem Vergleich« veröffentlicht (im folgenden: *Gribetz-Plan*), der im Rechtsstreit mit den Schweizer Banken ausgehandelt worden war.[3] Zeitlich wurde die Bekanntgabe des Plans – nachdem man zwei Jahre daran gearbeitet hatte – nicht etwa auf die Interessen der »bedürftigen Holocaust-Opfer, von denen jeden Tag jemand stirbt«, abgestimmt, sondern auf die Holocaust-Gala an eben jenem Abend. Burt Neuborne, der führende Berater der Holocaust-Industrie in den Verhandlungen mit den Schweizer Banken, pries das Dokument als »genauestens recherchiert…, mit großer Sorgfalt und Einfühlung erstellt«.[4] Es schien in der Tat die um sich greifenden Befürchtungen zu widerlegen, wonach die Gelder von jüdischen Organisationen fehlgeleitet werden könnten. So berichtete beispielsweise der *Forward,* daß »der Verteilungsplan … vorsieht, daß mehr als 90 Prozent der Gelder aus der Schweiz unmittelbar an Überlebende und deren Erben ausbezahlt werden«. Elan Steinberg beteuerte, daß »der Jüdische Weltkongreß niemals auch nur einen Penny verlangt hat, niemals einen Penny nehmen wird und keine Entschädigungsfonds akzeptiert«, und lobte den *Gribetz-Plan* frömmlerisch als ein »außerordentlich kluges und von Mitleid geprägtes Dokument«.[5] Klug war er ganz bestimmt, aber kaum von Mitleid geprägt. Denn im Kleingedruckten des *Gribetz-Plans* verbirgt sich die teuflische Wahrheit, daß wahrscheinlich nur ein kleiner Anteil der Gelder aus der Schweiz unmittelbar an Überlebende des Holocaust und deren Erben ausbezahlt wird. Bevor ich darauf näher eingehe, ist jedoch anzumerken, daß dieser Plan schlüssig, wenn auch unabsichtlich, belegt, wie die Schweiz von der Holocaust-Industrie unter Druck gesetzt worden ist.[6]

Der Leser erinnert sich vielleicht, daß die Schweizer Banken im Mai 1996 formell in eine umfassende externe Untersuchung einwilligten – »die umfangreichste und teuerste Untersuchung in der Geschichte« (Richter Korman) –, mit der alle ausstehenden Ansprüche von Überlebenden des Holocaust und deren Erben beigelegt werden sollten.[7] Noch ehe der Untersuchungsausschuß (unter dem Vorsitz von Paul Volcker) auch nur eine Chance gehabt hatte zusammenzutreten, drängte die Holocaust-Industrie jedoch bereits auf eine finanzielle Einigung. Um dem Volcker-Ausschuß zuvorkommen, brachte man zwei Einwände vor: (1) könne man dem Ausschuß nicht trauen, und (2) könnten die bedürftigen Holocaust-Opfer nicht auf die Ergebnisse des Ausschusses warten. Der *Gribetz-Plan* macht beide Einwände zunichte.

Im Juni 1997 legte Neuborne ein »Rechtsgutachten« vor, das rechtfertigen sollte, weshalb man nicht auf den Volcker-Ausschuß warten wollte. Gegen alle Tatsachen und mit bemerkenswerter Unverfrorenheit schmähte Neuborne den Ausschuß als einen *schweizerischen* Vorstoß, alle Kritik in eine »private Schlichtungsbemühung« umzubiegen, »die von den Beklagten gefördert, bezahlt und gesteuert wird«.[8] Bemerkenswerterweise kreidete Neuborne den Schweizer Bankiers sogar an, daß sie die 500 Millionen Dollar für diese beispiellose

Untersuchung übernahmen, die man ihnen aufgezwungen hatte. Im August 1998 setzte die Holocaust-Industrie mit Erfolg eine *nicht rückzahlbare* Vergleichssumme in Höhe von 1,25 Milliarden Dollar gegenüber den Schweizern durch, noch ehe der Volcker-Ausschuß seine Arbeit abgeschlossen hatte.[9] Obwohl man zugunsten dieses Vergleichs vorgegeben hatte, daß man dem Volcker-Ausschuß nicht trauen könne, überhäuft der *Gribetz-Plan* den Ausschuß mit Lob und betont, daß die Ergebnisse und Verfahren zur Bearbeitung von Ansprüchen (»Claims Resolution Tribunal« – CRT; etwa: Tribunal zur Klärung von Ansprüchen), die der Ausschuß geliefert hatte, bei der Verteilung der Gelder aus der Schweiz von »entscheidender Bedeutung« waren und sind.[10] Daß die Holocaust-Industrie sich bei der Verteilung der schweizerischen Gelder so freudig auf den Ausschuß stützt, widerlegt den Hauptvorwand, dessentwegen sie dem Ausschuß mit einer nicht rückzahlbaren Vergleichssumme zuvorkam.

In der Übereinkunft mit der Holocaust-Industrie hat man die Schweizer nicht nur gezwungen, für nachrichtenlose Konten aus der Zeit des Holocaust zu bezahlen, sondern darüber hinaus »die Gewinne herauszugeben«, die sie »wissentlich« aus den von den Nazis geraubten jüdischen Besitztümern und der jüdischen Sklavenarbeit gezogen hatten.[11]

Der *Gribetz-Plan* enthüllt auch, wie dürftig diese Vorwürfe waren. Er räumt ein, daß man, »wenn überhaupt, nur sehr wenige« direkte Verbindungen – ganz zu schweigen von direkt *gewinnbringenden* oder *wissentlich* gewinnbringenden Verbindungen – zwischen den Schweizern einerseits und geraubtem jüdischen Besitz oder jüdischer Sklavenarbeit andererseits habe herstellen können. Der *Plan* macht in der Tat deutlich, daß die gesamten Vorwürfe in diesen Sammelklagen auf etwas aufgebaut waren, das »wahrscheinlich« oder »vermutlich« oder »möglicherweise« der Fall gewesen war.[12] Schließlich zwang man die Schweiz, Wiedergutmachung an Juden zu zahlen, denen auf der Flucht vor den Nazis die Aufnahme verweigert worden war. Der *Gribetz-Plan* räumt – wenn auch nur in einer Fußnote – ausdrücklich ein, daß dieser Anspruch »rechtlich fragwürdig« sei.[13] Trotz all dieser Einlassungen zitiert der *Plan* jedoch immer noch zustimmend, daß »Kläger in einer vollkommen gerechten Welt eine weit höhere Summe hätten bekommen müssen« als die 1,25 Milliarden Dollar, die man den Schweizern abgenommen hat.[14]

Neben der angeblichen Parteilichkeit des Volcker-Ausschusses verwies die Holocaust-Industrie darauf daß die Holocaust-Überlebenden nicht mehr lange zu leben hätten, um so den Schweizern eine nicht rückzahlbare Vergleichssumme aufzuzwingen. Angeblich spielte die Zeit eine so entscheidende Rolle, weil »bedürftige Holocaust-Opfer« nur noch kurze Zeit zu leben hätten. Nachdem sie über das Geld verfügen kann, hat die Holocaust-Industrie jedoch plötzlich entdeckt, daß »bedürftige Holocaust-Opfer« doch nicht so rasch sterben. Unter Verweis auf eine von der Jewish Claims Conference in Auftrag gegebene Studie berichtet der *Gribetz-Plan*, daß »die Zahl der Nazi-Opfer langsamer abnimmt als zunächst gedacht«. Tatsächlich wird im *Plan* behauptet, daß »eine ziemlich bedeutende Zahl jüdischer Nazi-Opfer zumindest noch weitere zwanzig Jahre leben dürfte und daß in 30 bis 35 Jahren« – das heißt, etwa *neunzig* Jahre nach dem Zweiten Weltkrieg – »wahrscheinlich noch mehrere zehntausend jüdischer Nazi-Opfer am Leben sein werden«.[15] Angesichts der bisherigen Geschichte der Holocaust-Industrie sollte es niemanden überraschen, wenn diese Entdeckung am Ende zu dem Zweck vorgebracht wird, Europa noch weitere Entschädigungsforderungen aufzuzwingen. Inzwischen wird sie bereits dafür eingesetzt, die Auszahlung der Entschädigungen zu verzögern. So wird im *Gribetz-Plan* empfohlen, die Gelder nach und nach in kleinen Beträgen zu verteilen, weil es »sehr nachteilige Auswirkungen hätte, bei den bedürftigen Überlebenden Erwartungen zu wecken, durch welche nur das Kapital und damit die Hilfsmöglichkeiten aufgezehrt würden«.[16]

Während der Verhandlungen mit den Schweizer Banken behauptete die Holocaust-Industrie, das Durchschnittsalter der Überlebenden liege in Israel bei 73 und in der übrigen Welt bei 80 Jahren. Die Lebenserwartung in den drei Ländern, in denen derzeit die meisten Holocaust-Überlebenden anzutreffen sind, liegt zwischen 60 (in den Ländern der früheren Sowjetunion) und 77 Jahren (in den Vereinigten Staaten und Israel).[17] Man sollte es niemandem verübeln, wenn er sich fragt, wie es möglich sein kann, daß in 35 Jahren noch »Zehntausende« von Holocaust-Überlebenden am Leben sein werden. Eine Teilantwort liegt darin, daß die Holocaust-Industrie die Definition des Holocaust-Überlebenden ein weiteres Mal neu formuliert hat. »Einer der Gründe für diese relativ langsamere Abnahme ihrer Zahl«, berichtet die oben erwähnte Studie der Jewish Claims Conference, »liegt in dem Befund, daß es, *wenn man die weitgefaßte Definition verwendet,* sehr viel mehr jüngere Nazi-Opfer gibt als zunächst gedacht« (Hervorhebung durch den Autor).[18] Tatsächlich gibt der *Gribetz-Plan* in einer inflationären Art, die an die Zeit von Weimar erinnert, die Zahl der noch lebenden Holocaust-Überlebenden mit fast einer Million an – eine Vervierfachung der ohnehin schon außerordentlichen Zahl von 250 000 Holocaust-Überlebenden, die man angab, als man die Schweiz abkassierte.[19]

Um dieses statistische und demographische Kunstwerk zustandezubringen, sieht der *Gribetz-Plan* nun jeden russischen Juden, der den Zweiten Weltkrieg überlebt hat, als Überlebenden des Holocaust an.[20] Russische Juden, die schon vorher vor den Nazis geflohen waren oder in der Roten Armee gedient haben, qualifizieren sich jetzt folglich als Holocaust-Überlebende, weil sie Folter und Tod zu erwarten hatten, falls man sie gefangengenommen hätte.[21] Selbst wenn man diese wahrhaft neue Definition von Holocaust-Überlebenden um der Argumentation willen übernimmt, ist nicht klar, weshalb sowjetische Funktionäre, die schon vorher vor den Nazis geflohen waren, oder auch nichtjüdische Wehrpflichtige der Roten Armee nicht ebenfalls die Eigenschaft eines Holocaust-Überlebenden erlangen. Denn auch sie hatten Folter und Tod zu erwarten, wenn man sie gefangennahm. Im *Gribetz-Plan* wird in der Tat berichtet, daß ein jüdisch-amerikanischer Militärangehöriger, den die Nazis gefangengenommen hatten, in einem Konzentrationslager interniert worden war.[22] Sollte nicht jeder amerikanische GI des Zweiten Weltkriegs als Holocaust-Überlebender gelten? Hier tun sich Möglichkeiten über Möglichkeiten auf. Wie ein führender Historiker der Holocaust-Abteilung des British Imperial War Museum, der die Sterblichkeits-Fortschreibung des *Gribetz-Plans* für Holocaust-Überlebende verteidigte, erklärte, »können [in einem] noch weiter gefaßten Sinn … auch die zweite und sogar die dritte Generation« als Holocaust-Überlebende »betrachtet werden«, weil sie »vielleicht an psychischen Erkrankungen leiden«.[23] Es ist nur eine Frage der Zeit, bis die Holocaust-Industrie auch Wilkomirski als Holocaust-Überlebenden wieder in Gnaden aufnimmt, da doch – um den Direktor von Yad Vashem zu zitieren – sein »Schmerz authentisch ist«.

Für die Holocaust-Industrie ist es in mehrfacher Hinsicht zweckmäßig, die Holocaust-Opfer neu zu definieren und ihre Zahl nach oben zu korrigieren. Damit rechtfertigt sie nicht nur, daß sie europäische Staaten abkassiert hat, sondern auch, daß sie die eigentlichen Holocaust-Opfer ebenfalls abkassiert. Jahrelang haben diese Opfer die Jewish Claims Conference gebeten, Entschädigungsgelder für ein Krankenversicherungsprogramm auszuweisen. Im *Gribetz-Plan* wird dieser »bedenkenswerte« Vorschlag in einer Fußnote erwähnt, während andererseits beklagt wird, daß der Betrag aus dem Vergleich mit der Schweiz »nicht ausreichen würde«, eine Krankenversicherung für »weit mehr als 800 000 Holocaust-Überlebende« zu gewährleisten.[24]

Abgesehen von einer unbedeutenden Summe sind die Gelder aus der Schweiz laut dem *Gribetz-Plan* nur für jüdische Opfer der Naziverfolgung bestimmt. Technisch gesehen umfaßte der Vergleich alle »Opfer oder Ziele der Naziverfolgung«. In Wahrheit ist diese scheinbar umfassende, »politisch korrekte« Bezeichnung ein sprachlicher Trick, um die meisten nichtjüdischen Opfer *auszuschließen*. Willkürlich nimmt sie in die Definition »Opfer oder Ziele der Naziverfolgung« nur Juden, Zigeuner, Zeugen Jehovas, Homosexuelle und Behinderte auf. Aus nie erklärten Gründen schließt man andere politisch (z.B. Kommunisten oder Sozialisten) oder ethnisch (z.B. Polen und Weißrussen) Verfolgte aus. Dies sind zahlenmäßig umfangreichere Opfergruppen; die im *Gribetz-Plan* neben den Juden als »Opfer oder Ziel der Naziverfolgung« definierten Gruppen sind im Vergleich zu den vorher genannten weit weniger umfangreich. Dies läuft praktisch darauf hinaus, daß fast die gesamten Entschädigungsgelder an Juden gehen. So erfaßt der *Plan* 170 000 frühere jüdische Zwangsarbeiter; von den immerhin 1 000 000 nichtjüdischen Zwangarbeitern werden jedoch nur 30 000 als »Opfer oder Ziele der Naziverfolgung« angesehen. In ähnlicher Weise sieht der *Plan* 90 Millionen Dollar für jüdische Opfer der Nazi-Plünderungen vor, während nichtjüdischen Opfern nur 10 Millionen zugedacht werden. Teilweise läßt diese Aufteilung sich damit rechtfertigen, daß vorhergegangene Entschädigungsabkommen ein solches Verhältnis festlegten. Doch der *Plan* gibt auch zu bedenken, daß nichtjüdische Opfer in der Vergangenheit einen unangemessen kleinen Anteil der Entschädigungen erhalten haben. Sollte ein angemessener Verteilungsplan frühere Ungerechtigkeiten nicht eher ausgleichen, anstatt sie fortzuführen?[25]

Der *Gribetz-Plan* sieht sage und schreibe 800 Millionen Dollar aus den 1,25 Milliarden der Schweiz vor, um rechtsgültige Ansprüche auf nachrichtenlose Konten aus der Zeit des Holocaust abzudecken. Der Text des Plans mit Anhängen und Tabellen summiert sich zu vielen hundert Seiten mit mehr als tausend Fußnoten. *Das einzig Merkwürdige des Plans liegt darin, daß an keiner Stelle der Versuch gemacht wird, diese – entscheidende – Aufteilung glaubwürdig zu begründen.* Er stellt lediglich fest: »Auf der Grundlage seiner Auswertung des Volcker-Reports und des endgültigen Gerichtsbeschlusses sowie nach Beratungen mit Vertretern des Volcker-Ausschusses schätzt der Sonderbevollmächtigte, daß der Wert aller Bankkonten, die zurückbezahlt werden, in der Größenordnung von 800 Millionen Dollar liegt.«[26] In Wahrheit scheint diese Schätzung grotesk übertrieben. Die tatsächlich für nachrichtenlose Konten ausbezahlte Summe dürfte wahrscheinlich nur einen winzigen Bruchteil dieser 800 Millionen ausmachen.[27] Bei den »verbleibenden« Geldern – also dem, was von den 800 Millionen Dollar übrigbleibt, wenn alle legitimen Ansprüche bearbeitet sein werden – geht man davon aus, daß sie entweder direkt an Überlebende des Holocaust *oder an jüdische Organisationen* verteilt werden, die im Zusammenhang mit dem Holocaust tätig sind.[28] Tatsächlich werden die verbleibenden Mittel fast sicher an jüdische Organisationen fließen, nicht nur, weil die Holocaust-Industrie das letzte Wort hat, sondern auch, weil man sie erst in vielen Jahren verteilen wird, wenn nur noch wenige von den eigentlichen Überlebenden des Holocaust am Leben sind.[29]

Abgesehen von den 800 Millionen Dollar für Konten aus der Zeit des Holocaust verteilt der *Gribetz-Plan* ungefähr 400 Millionen Dollar vorwiegend auf die Kategorien »geraubte Besitztümer«, »Zwangsarbeit« und »Flüchtlinge«. Doch er bringt auch den entscheidenden Vorbehalt ein, daß nichts von diesen Geldern freigegeben wird, ehe nicht »alle Rechtsmittel in diesem Rechtsstreit erschöpft sind«. Der *Plan* räumt ein, daß die »vorgeschlagenen Auszahlungen vielleicht für einige Zeit nicht beginnen können«, und zitiert einen bedeutenden Präzedenzfall, in dem die Einspruchsverfahren dreieinhalb Jahre gedauert hatten.[30] Ältere Holocaust-Überlebende können hier nicht gewinnen, während die Holocaust-Industrie auf keinen Fall verlieren kann. Viele von ihnen, entsetzt von dem *Plan*, werden ohne Zweifel Einspruch einlegen wollen, aber damit würden sie erreichen, daß insgesamt nur wenige profitieren, selbst wenn ein Rechtsmittel Erfolg hat. Die Holocaust-Industrie, ohnehin schon Hauptnutznießer des *Gribetz-Plans*, kann mit Einspruchsverfahren nur gewinnen: Wegen der Verzögerung fließen weitere Summen in ihre Tresore, weil immer mehr Überlebende wegsterben.

Sobald der Rechtsweg ausgeschöpft ist, sieht der *Gribetz-Plan* für diese 400 Millionen folgende Aufteilung vor:

(1) In der Kategorie »geraubte Besitztümer« sind

90 Millionen nicht für direkte Auszahlungen an Holocaust-Überlebende bestimmt, sondern für jüdische Organisationen, die Holocaust-Gemeinschaften »im weiteren Sinn« betreuen. Der größte Anteil fällt an die Jewish Claims Conference, die vom *Gribetz-Plan* wiederholt für ihre »unvergleichliche Erfahrung im Dienst der Bedürfnisse von Nazi-Opfern« gelobt wird.[31] 10 Millionen reserviert der Plan für eine »Stiftung Opferliste, deren Ziel es ist, die Namen aller Opfer oder Ziele der Naziverfolgung zusammenzuführen und für Forschungszwecke und zum Andenken umfassend verfügbar zu machen«. Er empfiehlt, als Grundlage der Stiftung die »unersetzlichen Daten der ursprünglichen Fragebögen« für Holocaust-Opfer zu verwenden. Eine typische Antwort innnerhalb dieser »unersetzlichen Daten« führt zu dem Ergebnis, daß sage und schreibe eines von sechs jüdischen Opfern (71 000 von 430 000) angab, vor dem Zweiten Weltkrieg über ein Schweizer Bankkonto verfügt zu haben. Ebenfalls einer von sechs besaß einen Mercedes und ein Chalet in der Schweiz.[32]

(2) In der Kategorie »Zwangsarbeit« soll jeder der unterstelltermaßen noch lebenden 170 000 ehemaligen Zwangsarbeiter jüdischer Abstammung eine Abschlagszahlung in zwei Raten erhalten: 500 Dollar, wenn alle Einsprüche erledigt sind, und »bis zu« 500 Dollar zusätzlich, wenn alle Ansprüche auf nachrichtenlose Konten bearbeitet sind.[33] In Wahrheit ist die Zahl von 170 000 stark übertrieben, und es ist unwahrscheinlich, daß viele der tatsächlich noch lebenden jüdischen ehemaligen Zwangsarbeiter überhaupt da sein werden, um die erste Abschlagszahlung in Empfang zu

nehmen, ganz zu schweigen von der zweiten. Anträge werden von der Jewish Claims Conference bearbeitet, die – als Hauptnutznießer verbleibender Entschädigungsgelder – von jeder Ablehnung profitieren wird.

(3) In der Kategorie »Flüchtlinge« erhalten Anspruchsberechtigte Beträge zwischen 250 und 2500 Dollar, die ebenso wie bei der Kategorie »Zwangsarbeit« in zwei Raten ausbezahlt werden sollen.[34] Auf der Grundlage der »unersetzlichen Daten, die in den ursprünglichen Fragebögen enthalten sind«, haben etwa 17000 Juden den Anspruch erhoben, in diese Kategorie zu gehören. Wahrscheinlich dürfte nur ein kleiner Anteil dieser 17000 Menschen einen rechtsgültigen Anspruch beweisen können (die Conference bearbeitet die Anträge), und noch weniger werden schließlich da sein, die das Geld in Empfang nehmen.

Somit bestätigt eine genaue Analyse des *Gribetz-Plans* die wichtigsten Argumente aus dem 3. Kapitel dieses Buches. Sie zeigt, daß die von der Holocaust-Industrie angeführten Vorwände, mit denen sie eine nicht rückzahlbare Vergleichssumme von den Schweizer Banken erzwang, falsch waren und daß wenige tatsächliche Überlebende der Massenvernichtung durch die Nazis direkt – oder auch nur indirekt – von den Geldern aus der Schweiz profitieren werden. Eine vergleichbare Untersuchung anderer Vereinbarungen der Holocaust-Industrie würde vermutlich zu ähnlichen Ergebnissen führen. Tatsächlich ist in den Ausführungsbestimmungen des *Gribetz-Plans* ein Notgroschen für die Holocaust-Industrie versteckt. Wahrscheinlich wird der größte Teil der Gelder aus der Schweiz erst verteilt werden, wenn außer einer Handvoll von Überlebenden keiner mehr übrig ist. Wenn die Überlebenden dahingegangen sind, wird sich das Geld in die Tresore jüdischer Organisationen ergießen. So ist es kaum verwunderlich, daß die Holocaust-Industrie den *Gribetz-Plan* einhellig gelobt hat.

New York, November 2000
Norman G. Finkelstein

Statt eines Nachworts

Norman Finkelstein im Gespräch mit Thomas Spang

Norman Finkelstein, Ihre Mutter Maryla und Ihr Vater Zaccharias haben beide das jüdische Ghetto in Warschau und später die Konzentrationslager in Majdanek und Auschwitz überlebt. Was hat diese Erfahrung in dem Leben Ihrer Eltern geändert?
Das Band, das meine Eltern während ihres gesamten Lebens zusammenhielt, war, daß sie, außer einander, niemandem mehr trauten. Nach dem Krieg waren sie zynische und bittere Leute geworden. Ich weiß, meine Mutter war vor dem Krieg nicht so. Das war ganz klar ein Ergebnis des Krieges. Politisch landeten meine Eltern am linken Ende des Spektrums. Sie hielten den Westen mitverantwortlich für den Nazi-Holocaust, weil sie glaubten, der Westen habe Hitler als Gegengewicht zur Sowjetunion unterstützt. Und sie konnten sich gut mit den Russen identifizieren. Sie waren fest davon überzeugt, daß die Russen wußten, was es hieß, diesen Krieg zu erleiden.

Sie sind 1953 in Brooklyn zur Welt gekommen, nur acht Jahre nachdem Ihre Eltern von den alliierten Soldaten befreit wurden. Können Sie uns einmal die Atmosphäre

in einer typischen jüdischen Nachbarschaft zu dieser Zeit beschreiben. Wie hat Ihre Familie da gelebt?
Es gab keine öffentliche Diskussion über den Holocaust der Nazis. Tatsächlich war es peinlich. Die Grundüberzeugung war: Juden sind wie die Schafe in den Tod gegangen, und dafür sollte man sich schämen. Das Bild bei uns zu Hause ist schwer zu beschreiben. Da war zunächst diese Unnatürlichkeit, daß wir keine Verwandten hatten. Und ich habe niemals richtig fassen können, daß ich keine Tanten hatte, keine Onkels, keine Cousinen, ich hatte keine Großeltern. Wir waren fünf Leute auf diesem Planeten Erde: meine Mutter, mein Vater, meine zwei Brüder und ich. Ab einem bestimmten Punkt (lacht verlegen) habe ich mich gefragt, warum das so ist. Meine Mutter litt unter Melancholie, mein Vater hatte immer, natürlich, die eintätowierte Nummer aus Auschwitz. Ich erinnere mich genau: 128018. Meine Mutter hat alles, worüber sie geredet hat – eine Rose im Garten, eine Fliege am Fenster, ein Astronaut im Weltraum –, alles und jedes auf den Nazi-Holocaust bezogen. Sie hat selbst jedes populäre Lied, das sie mochte, mit dem Holocaust in Verbindung gebracht. Da gab es diese berühmte Broadway-Show »Hair«, und darin gab es einen Song, der hieß »Let the Sun Shine«. Meine Mutter hat dieses Lied sehr berührt. Sie sagte, sie würde sich daran erinnern, wie sie durch das Ghetto ging und durch das Konzentrationslager und dabei immer in den Himmel schaute. Sie wünschte sich, daß wenigstens die Sonne schien: »Let the Sun Shine«. Mein Vater hat niemals ein einziges Wort gesagt, nicht eines, über das, was er im Zweiten Weltkrieg erlebt

hatte. Meine Mutter hörte nicht auf, darüber zu sprechen. Aber da gab es eine Linie, einen Kreis, den sie um ihre Familie zog. Sie sagte uns nie, was mit ihrer Familie passiert war. Ich weiß, daß mein Vater eine Schwester hatte, weil Mutter einmal erzählte, sie habe sie im Konzentrationslager von Majdanek gesehen. Da keine Bilder den Krieg überstanden, fragte mein Vater sie wieder und wieder: Sag' mir, wie sie aussah. Erzähl mir, wie sie aussah. Das war die einzige Verbindung, die er noch zu seiner Familie hatte.

Ihre Eltern haben Ihnen beigebracht zu vergleichen. Das haben Sie getan, als Sie zum Beispiel die Entschädigung für Ihre Eltern mit dem Betrag an Geld verglichen, der bei der Jewish Claims Conference hängen geblieben ist, die die Vereinbarung mit Deutschland ausgehandelt hatte.

Die Fakten sind einfach: Der Ruf der deutschen Regierung beim Verteilen der Entschädigungsgelder war hervorragend. Sie können über die Deutschen sagen, was sie wollen – meine Eltern haßten die Deutschen, sie haben niemals ein gutes Wort über einen Deutschen zu sagen gehabt. Aber mein Vater, der seine Entschädigung von Deutschland erhielt, hat niemals ein einziges Wort der Beschwerde über die deutsche Regierung verloren. Meine Mutter sollte über die Jewish Claims Conference entschädigt werden. Sie bekam nichts. Sie verspürte eine tiefe Abneigung, sie haßte sie, und in diesem Punkt war sie in gutem Einverständnis mit allen anderen Holocaust-Opfern. Seit der Veröffentlichung meines Buches bin ich mit einigen in Kontakt. Und da gibt es eine Sache, die alle gemein haben – ganz unterschiedliche Leute aus ganz unterschiedlichen Orten. Das sind Orthodoxe oder Weltliche, das sind Menschen aus Belgien, das sind Menschen aus Ungarn und Deutschland. Und ich kann sie benennen: Liane Stabinski aus Belgien, Gisela Weishaus aus Ungarn, die Marschewskis aus Berlin – sie alle haben eines gemeinsam: Sie sagen durchweg – und das ist für mich die aufschlußreichste und vernichtendste Einsicht in diese ganze erbärmliche Industrie –, daß die eigentlichen Opfer der Verfolgung der deutschen Regierung mehr trauen als den jüdischen Organisationen.

Damit sind wir nun im Zentrum der Kritik, die Sie in Ihrem Buch Die Holocaust-Industrie *niedergelegt haben. Ihre Hauptanklage: Jüdische Funktionäre mißbrauchen die Shoah für politische, ökonomische und ideologische Ziele. Auf wen bezieht sich Ihre Kritik konkret?*

Das ist schon eigentümlich, wenn ich einige Kritiken speziell in Deutschland lese, in denen die Leute behaupten, ich würde keine Namen nennen und so eine namenlose Verschwörungstheorie vorlegen. Ich habe Organisationen benannt, die großen jüdischen Organisationen: das American Jewish Committee, den World Jewish Congress, die B'nai B'rith Anti-Defamation League, die World Jewish Restitution Organisation, die Jewish Claims Conference – das ist schon keine Industrie mehr, das ist ein Konglomerat. Eine ganze Menge Leute. Eine ganze Menge Leute.

Diese Vorwürfe haben erwartungsgemäß nicht nur in den USA, sondern auch in Deutschland erhebliche Kritik ausgelöst, wo das Buch noch nicht erschienen ist. So hat ihnen beispielsweise der Präsident des Zentralrats der Juden in Deutschland, Paul Spiegel, in einem Zeitungs-Interview mit der Rheinischen Post *vorgeworfen, »alte judenfeindliche Klischees« zu nähren, und Rafael Seligman nennt Sie in einem Namensbeitrag einen »Koschermacher lächerlicher Vorwürfe«. Und als Motiv vermutet Paul Spiegel finanzielle Probleme, die Sie durch Bedienung einer »lohnenden Marktlücke« füllen wollten. Das ist ziemlich starker Tobak, oder?*

In den USA gab es keine Reaktion, keine öffentliche Reaktion. In den ganzen USA gab es zwei Besprechungen des Buches. Zu den Reaktionen anderswo möchte ich folgendes sagen. Ich habe zwei Anliegen. Erstens dem Gedenken des Leidens meiner Eltern treu zu bleiben. Ich kann tatsächlich sagen: Die Opfer der Verfolgung durch die Nazis sind sehr erfreut über das Buch. Ich habe mit vielen gesprochen. Die sagen zu mir: Du gibst unserem Ärger und Frust darüber, wie wir von der Holocaust-Industrie für deren Zwecke mißbraucht wurden, endlich ein öffentliches Ventil. Ich habe aber auch ein wissenschaftliches Anliegen: Das Buch soll faktisch richtig sein. Die mit Abstand weltweit führende Autorität für den Nazi-Holocaust, Raul Hilberg, hat drei Interviews zu meinem Buch gegeben. Und in allen drei Fällen sagte er mit Bestimmtheit, mein Buch sei grundsätzlich sorgfältig, und die einzige Schwäche sei, er wünschte, ich hätte mehr zum Thema geschrieben. Das ist meine Hauptsorge: Was die eigentlichen Opfer der

Verfolgung über mein Buch denken, und was renommierte Gelehrte sagen. Was die Holocaust-Industrie über das Buch denkt, ist mir völlig egal.

Der schlimmste Vorwurf, der einen Wissenschaftler treffen kann, lautet, nicht sorgfältig zu arbeiten. Paul Spiegel behauptet im Interview mit der Rheinischen Post, *Ihr Buch sei »schludrig geschrieben und voller Fehler«. Wie auch Rafael Seligmann wirft er Ihnen vor, mit falschen Angaben über die Zahl der jüdischen Holocaust-Opfer und der Überlebenden zu arbeiten. Können Sie einmal genau darlegen, wie Sie zu Ihren Zahlen kommen?*
Das ist ein Feld, in dem spezielle Fachkenntnisse gefragt sind. Ich behaupte nicht, eine spezielle Fachkenntnis in diesem Gebiet zu haben. Ich habe die Standardzahlen jüdischer Historiker zum Nazi-Holocaust wiedergegeben. Ich nannte die Zahl von Leonard Dinnerstein, Autor des Standardwerks über die Überlebenden des Nazi-Holocaust. Er nennt 60 000 Juden, die die Todeslager überlebt hatten, von denen 20 000 während der ersten Woche starben. Ich habe die Zahl von Henry Friedlander genannt, der auch eine Autorität auf dem Gebiet und übrigens auch ein Überlebender von Auschwitz ist. Er spricht von 100 000 Überlebenden. Die Claims Conference hat in einer an Holocaust-Leugnung grenzenden Unverfrorenheit behauptet, 700 000 jüdische Sklavenarbeiter hätten den Krieg überlebt. Wenn 700 000 überlebt hätten, dann wäre das Verfahren (der Nazis, die Red.) nicht sehr effizient gewesen. Aber das glaube ich nicht. Ich denke, es war sehr effizient,

und meine Mutter hat mir oftmals gesagt: »Norman, du versteht das nicht – nur eine Handvoll überlebte!«

Sie lehnen die These ab, daß der Holocaust ein singuläres Ereignis in der Geschichte ist. Mit dieser Idee haben Sie nicht nur das jüdische Establishment in den USA herausgefordert, sondern sich auch in Opposition zu den Historikern in Deutschland gebracht.

Soviel vorneweg: Der Gedanke, der Nazi-Holocaust sei beispiellos, nicht übertragbar, unverbunden mit dem Rest der Geschichte, ist keine wissenschaftliche These. Das ist purer Chauvinismus. Wenn Sie von Anfang an sagen, ganz von Beginn, Sie könnten nicht vergleichen oder Vergleiche seien eine Form von Holocaust-Leugnung, gut, dann sprechen wir nicht mehr über Geschichte. Wir sprechen dann über Religion oder Chauvinismus oder ethnischen Chauvinismus. Soviel zur jüdischen Seite. Auf der deutschen Seite kann ich das Bemühen der deutschen Historiker respektieren, die Singularität des Nazi-Holocaust zu verteidigen. Ich verstehe das und sehe etwas Ehrenwertes darin. Sie möchten die Verbrechen des Nazi-Regimes in keiner Weise kleiner machen. Dennoch möchte ich zwei Einfügungen machen. Punkt eins: Sie haben kein Recht, die Behinderten und Zigeuner zu vergessen. Punkt zwei: Ich glaube, daß ab einem bestimmten Punkt die deutsche Betonung der Einzigartigkeit des Holocaust eine umgekehrte Form von Chauvinismus wird, ungefähr von der Art: *Wir* haben die schlimmsten Verbrechen begangen. In dem mißlungenen Buch von Daniel Goldhagen gab es einen Teil, bei dem ich mit ihm übereinstimmte. Er sagte: Philosemiten sind Antisemiten im Schafspelz. Dem kann ich aus ganzem Herzen zustimmen. Ich mag keine Philosemiten, ich mag keine Antisemiten. Ich möchte, daß mich die Leute wie einen normalen Menschen behandeln. Mich beschleicht in letzter Zeit das Gefühl, daß einige dieser politisch korrekten Historiker, die auf der absoluten Einmaligkeit des Nazi-Holocaust insistieren, einer Familie von Philosemiten angehören. Und das ist eine Art von umgekehrtem Chauvinismus, den ich nicht mag. Ich glaube zum Beispiel, daß der im Zwangsarbeiter-Abkommen vereinbarte 350 Millionen Dollar schwere Zukunftsfonds zur Erforschung und Vermittlung des Holocaust, auf dem die Jewish Claims Conference sitzt, nur Mittel für Leute bereitstellt, die politisch korrekte Sachen über den Holocaust sagen. Ich bin mir sicher, daß ich die Absage am nächsten Tag in der Post liegen hätte, würde ich mich für Mittel aus dem Fonds bewerben. Und ich glaube – das sage ich in voller Verantwortung –, daß einige deutsche Angriffe auf mein Buch und die Verteidigung der Jewish Claims Conference aus reinen Geldgründen erfolgten.

Sie sind nicht der erste jüdische Intellektuelle, der die verbreitete, nennen wir sie einmal essentialistische Theorie über den Holocaust in Frage stellt. Vor Ihnen hat das bereits Peter Novick getan, der den Einfluß auf die jüdische Politik in den USA und Israel untersucht hat. War Ihr Buch also eher als Beitrag zur innerjüdischen Debatte geplant?
Mein Buch habe ich genau dafür geschrieben, was ich

in meinem Dankwort gesagt habe: Ich unternehme einen entschlossenen Vorstoß, das Vermächtnis meiner Eltern sorgfältig wiederherzustellen. Darum geht es in meinem Buch. Außerdem ist mein Buch dafür bestimmt und geschaffen, eine öffentliche Diskussion in Gang zu setzen, über viele Dinge, die privat und leise gesagt werden, eine offene und freie Debatte über etwas zu legitimieren, das, ganz offen gesagt, außer Kontrolle geraten ist.

Sie sind jetzt in eine Situation geraten, in der Sie von deutschen Revisionisten und Rechtsradikalen als Kronzeuge mißbraucht werden können. Wie wollen Sie sich von Gruppen abgrenzen, mit denen Sie nichts zu tun haben?
Am besten ist, das Buch zu lesen. Darin versuche ich das Andenken an das Leiden der Juden zu bewahren, ebenso wie die historischen Ereignisse des Holocaust. Mit meinen bescheidenen Möglichkeiten will ich ihn vor Verdrehern und Entstellern schützen einschließlich der Holocaust-Leugner in der Holocaust-Industrie. Es gibt keine Möglichkeit, nur ein Wort in meinem Buch so zu interpretieren, daß es Verleugnern Trost spendet. Eher das Gegenteil. Es ist die Holocaust-Industrie mit ihren heftig aufgeblähten Zahlen an Überlebenden, die den Verleugnern hilft. Es ist die Erpressertaktik, die Antisemitismus nährt. Das bin nicht ich. Die Jewish Claims Conference hat die Zahlen der Sklavenarbeiter aufgebläht, um mehr Geld von Deutschland zu bekommen. Die Claims Conference hat den Ruf Deutschlands in der Entschädigungsfrage in den USA verfälscht,

indem sie behauptete, kein Sklavenarbeiter hätte von Deutschland jemals eine Entschädigung erhalten. Jeder weiß, daß tatsächlich Lebensrenten ausgezahlt wurden, auch an meinen Vater. Die Claims Conference sollte unter keinen Umständen berechtigt werden, die Opfer der Nazi-Verfolgung zu repräsentieren. Die Opfer der Nazi-Verfolgung wollten und wollen immer noch, daß die deutsche Regierung die Mittel verteilt.

In der Schweiz gab es eine ganz ähnliche Entwicklung, und Sie haben ja dazu eine starke Meinung.
Im Fall der Schweiz handelte es sich, wie Raul Hilberg sagt, um glatte Erpressung. Sie haben Zahlen manipuliert, sie haben an die Schweiz Forderungen gestellt, die sie niemals an die USA wegen verwaister jüdischer Konten richteten. Sie wollten Geld haben, bevor eine Summe feststand, wieviel sie erhalten sollten. Und wenn sie ihr Geld bekommen, wird mindestens die Hälfte, denke ich, in ihre Taschen wandern. Von Anfang bis Ende war das ein grotesker Skandal, und ich bin entschieden der Ansicht, die Schweiz sollte die Vereinbarung aufkündigen.

Werden Sie schließlich nach Deutschland kommen, um mit Ihren Kritikern und Sympathisanten zu diskutieren?
Ich denke, ich werde bei der Veröffentlichung meines Buches, der Übersetzung, in Deutschland sein. Es wird moralisch für mich schwer sein. Auf meinen Schultern sitzen immer meine Mutter und mein Vater. Und ich werde ihnen immer Rechenschaft schuldig sein, besonders in dieser Hinsicht. Ich fühle mich ihnen gegenüber

verantwortlich. Es wird schwer sein, weil ich die Werte meiner Eltern von ihren Gefühlen und Empfindungen trennen muß. Das Beste in meinen Eltern würde sagen: Geh auf die Leute zu, sei großzügig, laß deine Werte nicht kompromittieren, versuche eine bessere Zukunft für uns alle zu schaffen. Aber die Gefühle meiner Eltern, nicht ihre Werte, ihre Gefühle waren, daß sie die Deutschen haßten. Es wird für mich schwierig sein, den richtigen Zugang zu den Deutschen zu finden. Ich hoffe, ich mache das Richtige. Das ist das Äußerste, was man von einem Individuum erwarten kann.

Thomas Spang arbeitet als USA-Korrespondent für die Rheinische Post *und fünf andere Tageszeitungen. Das Interview wurde am 1. 10. 2000 im WDR gesendet und erschien gekürzt in diesen Zeitungen.*
Übersetzung: Thomas Spang

Danksagung

Colin Robinson vom Verso-Verlag konzipierte die Idee für dieses Buch. Roane Carey half mir, meine Überlegungen in eine geschlossene Form zu bringen. Noam Chomsky und Shifra Stern begleiteten jede Phase der Entstehung dieses Buches mit ihrem Beistand. Jennifer Loewenstein und Eva Schweitzer steuerten Kritik zu mehreren Entwürfen bei. Rudolph Baldeo gab mir persönliche Unterstützung und Ermutigung. Ihnen allen bin ich zu Dank verpflichtet. Auf diesen Seiten versuche ich dem Vermächtnis meiner Eltern gerecht zu werden. Dementsprechend widme ich dieses Buch meinen beiden Brüdern Richard und Henry sowie meinem Neffen David.

Die Zitate sind, soweit möglich, nach vorliegenden deutschen Übersetzungen angegeben. Anmerkungen mit a beziehen sich nur auf die deutsche Ausgabe.

Anmerkungen

Einführung

1 In diesem Text steht der Begriff *Massenvernichtung der Juden durch die Nazis* für den eigentlichen historischen Vorgang, DER HOLOCAUST [im Original: The Holocaust] dagegen für dessen von Ideologie geprägte Darstellung.

2 Zur beschämenden Bilanz von Wiesels Verteidigungsreden im Namen Israels siehe Norman G. Finkelstein und Ruth Bettina Birn, *Eine Nation auf dem Prüfstand. Die Goldhagen-These und die historische Wahrheit* (Düsseldorf: 1998), 125 Anm. 83, 96 Anm. 90. Auf anderen Gebieten sieht es nicht besser aus. In einem neuen Erinnerungsband, *… und das Meer wird nicht voll* (Hamburg: 1999), bietet Wiesel folgende unglaubliche Erklärung für sein Schweigen zum Leiden der Palästinenser: »Trotz des mehr oder weniger starken Drucks […] habe ich […] mich geweigert, im Konflikt zwischen Israelis und Arabern Stellung zu beziehen« (196). In seiner detailgenauen Übersicht der Holocaust-Literatur handelt der Literaturkritiker Irving Howe Wiesels umfangreiches Werk in einem einzigen Absatz und mit dem schwachen Lob ab, daß »Elie Wiesels erstes Buch, *Night,* einfach und ohne rhetorischen Überschwang geschrieben [ist]«. Der Literaturkritiker Alfred Kazin stimmt dem zu: »Seit *Night* gab es nichts, was lesenswert gewesen wäre. Elie ist mittlerweile ganz und gar Schauspieler. Mir gegenüber hat er sich als ›Vortragsredner in Sachen Qual‹ beschrieben.«

(Irving Howe, »Writing and the Holocaust«, in New Republic [27. Oktober 1986]; Alfred Kazin, *A Lifetime Burning in Every Moment* [New York: 1996], 179.)

3 New York: 1999. Norman Finkelstein, »Uses of the Holocaust«, in *London Review of Books* (6. Januar 2000).

4 Novick, *The Holocaust…*, 3–6.

5 Raul Hilberg, *Die Vernichtung der europäischen Juden* (Berlin: 1982). Viktor Frankl, *…trotzdem Ja zum Leben sagen* (München: 1977). Ella Lingens-Reiner, *Prisoners of Fear* (London: 1948).

1. Kapitel

1 Gore Vidal, »The Empire Lovers Strike Back«, in *Nation* (22. März 1986).

2 Rochelle G. Saidel, *Never Too Late to Remember* (New York: 1996), 32.

3 Hannah Arendt, *Eichmann in Jerusalem: Ein Bericht von der Banalität des Bösen,* (München: 1986), 11. Die Situation in Deutschland war nicht wesentlich anders. Beispielsweise widmet Joachim Fests zu Recht bewunderte Biographie Hitlers, die 1973 in Deutschland veröffentlicht wurde, nur vier von 1042 Seiten der Auslöschung der Juden (930–33); ein einziger Absatz behandelt Auschwitz und andere Vernichtungslager. (Joachim C. Fest, *Hitler* [Berlin: 1995].)

4 Raul Hilberg, *Unerbetene Erinnerung* (Frankfurt: 1994) 84, 107–35. Wie schon in der Wissenschaft war auch die Qualität der wenigen Filme über die Massenvernichtung der Juden durch die Nazis recht eindrucksvoll. Erstaunlicherweise nimmt Stanley Kramers Film von 1961 *Das Urteil von Nürnberg* ausdrücklich bezug auf den Spruch des amerikanischen Supreme Court aus dem Jahr 1927, dessen Billigung der Sterilisierung »geistig Unzurechnungsfähiger« im Fall Oliver Wendell Holmes als Vorläufer der Nazi-Euthanasieprogramme gelten kann, ebenso auf Winston Churchills Lob für Hitler, das er noch 1938

äußerte, auf die Bewaffnung Hitlers, von der amerikanische Industrielle profitierten, und auf die opportunistischen Freisprüche für deutsche Industrielle, die das amerikanische Militärtribunal nach dem Krieg verkündete.

5 Nathan Glazer, *American Judaism* (Chicago: 1957), 114. Stephen J. Whitfield, »The Holocaust and the American Jewish Intellectual«, in *Judaism* (Herbst 1979).

6 Ein einfühlsamer Kommentar zu diesen beiden gegensätzlichen Verhaltensweisen von Überlebenden findet sich bei Primo Levi, *The Reawakening,* mit einem neuen Nachwort (New York: 1986), 207. (In der deutschen Version, *Die Atempause* [München: 1994], ist dieses Nachwort nicht vorhanden; Anm. d. Ü.)

7 In diesem Text bezeichnet »jüdische Eliten« Persönlichkeiten, die im organisatorischen und kulturellen Leben der jüdischen Mainstream-Gemeinde eine herausragende Rolle spielen.

8 Shlomo Shafir, *Ambiguous Relations: The American Jewish Community and Germany Since 1945* (Detroit: 1999), 88, 98, 100–1, 111, 113, 114, 177, 192, 215, 231, 251.

8a Ethel und Julius Rosenberg wurden 1951 in einem immer wieder angezweifelten Prozeß wegen Spionage für die UdSSR zum Tode verurteilt (Anm. d. Verlags).

9 Ebd., 98, 106, 123–37, 215–16, 249. Robert Warshaw, »The ›Idealism‹ of Julius and Ethel Rosenberg«, in *Commentary* (November 1953). War es ein bloßer Zufall, daß jüdische Organisationen des Mainstream gleichzeitig Hannah Arendt dafür kreuzigten, daß sie auf die Kollaboration aufstrebender jüdischer Eliten während der Nazizeit hinwies? Als Yitzhak Zuckerman, ein Führer des Aufstands im Warschauer Ghetto, an die perfide Rolle der Polizeitruppe des Judenrats erinnerte, merkte er an: »Es gab keine ›anständigen‹ Polizisten, denn anständige Männer zogen die Uniform aus und wurden einfache Juden« (*A Surplus of Memory* [Oxford: 1993], 244).

10 Novick, *The Holocaust,* 98–100. Zusätzlich zum Kalten Krieg spielten noch andere Faktoren eine unterstützende

Rolle, als die amerikanischen Juden nach dem Krieg die Massenvernichtung der Juden durch die Nazis herunterspielten – zum Beispiel die Furcht vor Antisemitismus und das optimistische, die Assimilation fördernde Klima der fünfziger Jahre. Novick erläutert diese Sachverhalte in den Kapiteln 4–7 von *The Holocaust.*

11 Elie Wiesel ist anscheinend der einzige, der diese Verbindung abstreitet; er behauptet, ins Leben der Amerikaner sei DER HOLOCAUST vor allem durch sein Wirken eingeführt worden. (Saidel, *Never Too Late,* 33–4)

12 Menahem Kaufman, *An Ambiguous Partnership* (Jerusalem: 1991), 218, 276–7.

13 Arthur Hertzberg, *Jewish Polemics* (New York: 1992), 33; siehe auch, obwohl seine Rechtfertigungen irreführend sind, Isaac Alteras, »Eisenhower, American Jewry, and Israel«, in *American Jewish Archives* (November 1985), und Michael Reiner, »The Reaction of US Jewish Organizations to the Sinai Campaign and Its Aftermath«, in *Forum* (Winter 1980/81).

14 Nathan Glazer, *American Judaism* (Chicago: 1957), 114. Glazer fuhr fort: »Dem amerikanischen Judentum hat Israel fast nichts bedeutet… Die Vorstellung, Israel… könne in irgendeiner ernstzunehmenden Weise Einfluß auf das Judentum in Amerika nehmen… wird für illusionär gehalten« (115).

15 Shafir, *Ambiguous Relations,* 222.

16 Siehe beispielsweise Alexander Bloom, *Prodigal Sons* (New York: 1986).

17 Lucy Dawidowicz and Milton Himmelfarb (Hrsg.), *Conference on Jewish Identity Here and Now* (American Jewish Committee: 1967).

18 Nach ihrer Emigration aus Deutschland im Jahre 1933 wurde Arendt in der zionistischen Bewegung in Frankreich aktiv; während des Zweiten Weltkriegs bis zur Gründung Israels schrieb sie ausführlich über den Zionismus. Chomsky, Sohn eines bekannten amerikanischen Hebraisten, wurde in einem zionistischen Haushalt erzogen und

lebte kurz nach Israels Unabhängigkeit in einem Kibbuz. Die öffentlichen Diffamierungskampagnen gegen Arendt zu Beginn der sechziger wie gegen Chomsky in den siebziger Jahren wurden von der ADL angeführt. (Elisabeth Young-Bruehl, *Hannah Arendt* [Frankfurt/M.: 1986], an verschiedenen Stellen; Robert F. Barsky, *Noam Chomsky* [Zürich: 1999]; David Barsamian [Hrsg.], *Chronicles of Dissent* [Monroe, ME: 1992], 38.)

19 Eine frühe Vorwegnahme meines Arguments ist zu finden bei Hannah Arendt, »Zionism Reconsidered« (1944/45), in Ron Feldman (Hrsg.), *The Jew as Pariah* (New York: 1978), 159. (Dt. Übersetzung u. d. T.: »Zionismus aus heutiger Sicht« in *Die verborgene Tradition. Acht Essays* [Frankfurt/M.: 1976])

20 *Making It* (New York: 1967), 336.

21 *Breaking Ranks* (New York: 1979), 335.

22 Robert I. Friedman, »The Anti-Defamation League Is Spying on You«, in *Village Voice* (11. Mai 1993). Abdeen Jara, »The Anti-Defamation League: Civil Rights and Wrongs«, in *CovertAction* (Sommer 1993). Matt Isaacs, »Spy vs Spite«, in *SF Weekly* (2.–8. Februar 2000).

23 Elie Wiesel, *Against Silence,* ausgewählt und herausgegeben von Irving Abrahamson (New York: 1984), Bd. I, 283.

24 Novick, *The Holocaust,* 147. Lucy S. Dawidowicz, *The Jewish Presence* (New York: 1977), 26.

25 »Eruption in the Middle East«, in *Dissent* (Winter 1957).

26 »Israel: Thinking the Unthinkable«, in der Zeitschrift *New York* (24. Dezember 1973).

27 Norman G. Finkelstein, *Image and Reality of the Israel-Palestine Conflict* (New York: 1995), Kapitel 5–6.

28 Noam Chomsky, *The Fateful Triangle* (Boston: 1983), 4.

29 Elie Wiesels Karriere beleuchtet die Verknüpfung zwischen DEM HOLOCAUST und dem Juni-Krieg. Obwohl er schon seine Erinnerungen an Auschwitz veröffentlicht hatte, erhielt Wiesel erst öffentlichen Beifall, nachdem er zwei Bände geschrieben hatte, in denen er Israels Sieg feiert. (Wiesel, *Alle Flüsse,* 610–11)

30 Kaufman, *Ambiguous Partnership,* 287, 306–7. Steven L. Spiegel, *The Other Arab-Israeli Conflict* (Chicago: 1985), 17, 32.
31 Benny Morris, *1948 And After* (Oxford: 1990), 14–15. Uri Bialer, *Between East and West* (Cambridge: 1990), 180–1.
32 Novick, *The Holocaust,* 148.
33 Siehe zum Beispiel Amnon Kapeliouk, *Israel: la fin des mythes* (Paris: 1975).
34 Novick, *The Holocaust,* 152.
35 *Commentary,* »Letter from Israel« (Februar 1975). Während der Suez-Krise ließ *Commentary* wiederholt die Warnung hören, daß Israels »Überleben selbst« auf dem Spiel stehe.
36 Abba Eban, *Personal Witness* (New York: 1992), 272.
37 Peter Grose, *Israel in the Mind of America,* (New York: 1983), 304.
38 A. F. K. Organski, *The $36 Billion Bargain* (New York: 1990), 163, 48.
39 Finkelstein, *Image and Reality,* Kapitel 6.
40 Novick, *The Holocaust,* 149–50. Novick zitiert hier den bekannten jüdischen Gelehrten Jacob Neusner.
41 Ebd., 153, 155.
42 Ebd., 69–77
43 Tom Segev, *Die siebte Million* (Reinbek: 1995). Teil IV.
44 Die Besorgnis um die Überlebenden der Massenvernichtung der Juden durch die Nazis war gleichermaßen gespielt: Weil sie vor dem Juni 1967 eine Belastung waren, brachte man sie zum Schweigen; danach, als Aktivposten, machte man sie zu Heiligen.
45 *Response* (Dezember 1988). Prominente Holocaust-Verhökerer und Unterstützer Israels wie Abraham Foxman, Leiter der amerikanischen ADL, Morris Abram, früherer Vorsitzende des AJC, und Kenneth Bialkin, Vorsitzender der Conference of Presidents of Major American Jewish Organisations, ganz zu schweigen von Henry Kissinger – alle standen während des Bitburg-Besuchs zu Reagans

Verteidigung auf, während der AJC den loyalen Außenminister des deutschen Bundeskanzlers Helmut Kohl in der gleichen Woche als Ehrengast seines Jahrestreffens begrüßte. Im gleichen Sinne ordnete Michael Berenbaum vom Washington Holocaust Memorial Museum die Bitburg-Reise und die Äußerungen Reagans »dem naiven Geist des amerikanischen Optimismus« zu. (Shafir, *Ambiguous Relations,* 302–4; Berenbaum, *After Tragedy,* 14)

46 Seymour Martin Lipset and Earl Raab, *Jews and the New American Scene* (Cambridge: 1995), 159.

47 Novick, *The Holocaust,* 166.

48 Lipset and Raab, *Jews,* 26–7.

49 Charles Silberman, *A Certain People* (New York: 1985), 78, 80, 81 (Roth).

50 Novick, *The Holocaust,* 170–2.

51 Arnold Foster and Benjamin R. Epstein, *The New Anti-Semitism* (New York: 1974), 107.

52 Jean-Paul Sartre, »Betrachtungen zur Judenfrage« in *Drei Essays,* Frankfurt/M.: 1960, S. 120.

53 Saidel, *Never Too Late,* 222. Seth Mnookin, »Will NYPD Look to Los Angeles For Latest ›Sensitivity‹ Training?« in *Forward* (7. Januar 2000). Der Artikel berichtet, daß die ADL und das Simon-Wiesenthal-Zentrum um die Lizenz für Kurse wetteifern, in denen »Toleranz« gelehrt wird.

54 Noam Chomsky, *Pirates and Emperors* (New York: 1986), 29–30 (Rubinstein).

55 Ein Überblick über neue Umfragedaten, die diesen Trend bestätigen, findet sich bei Murray Friedman, »Are American Jews Moving to the Right?« in *Commentary* (April 2000). Bei der Wahl des New Yorker Oberbürgermeisters von 1997, wo Ruth Messinger, eine Vertreterin der Mainstream-Demokraten, gegen Rudolph Giuliani, einen Law-and-Order-Republikaner, angetreten war, stimmten beispielsweise sage und schreibe 75 Prozent der jüdischen Wählerschaft für Giuliani. Bezeichnenderweise mußten die Juden, um für Giuliani zu stimmen, sowohl traditio-

nelle Parteigrenzen als auch ethnische Grenzen überspringen (Messinger ist Jüdin).

56 Es scheint, als wäre diese Verschiebung zum Teil auch auf eine Ersetzung der kosmopolitischen, mitteleuropäischen jüdischen Führungsschicht durch arrivierte Juden und Chauvinisten der Stetl-Ideologie osteuropäischer Herkunft zurückzuführen, wie sie der New Yorker Bürgermeister Edward Koch oder der Chefredakteur der *New York Times* A. M. Rosenthal verkörpern. In dieser Hinsicht ist beachtenswert, daß jüdische Historiker, die dem Holocaust-Dogmatismus widersprechen, üblicherweise aus Mitteleuropa kommen – zum Beispiel Hannah Arendt, Henry Friedlander, Raul Hilberg und Arno Mayer.

57 Siehe z. B. Jack Salzman and Cornel West (Hrsg.), *Struggles in the Promised Land* (New York: 1997), bes. die Kapitel 6, 8, 9, 14, 15. (Kaufman auf S. 111, Greenberg auf S. 166). Damit keine Mißverständnisse aufkommen: Eine lautstarke jüdische Minderheit war mit diesem Rechtsruck nicht einverstanden.

58 Nathan Perlmutter and Ruth Ann Perlmutter, *The Real Anti-Semitism in America* (New York: 1982).

59 Novick, *The Holocaust,* 173 (Podhoretz).

2. Kapitel

1 Boas Evron, »Holocaust: The Uses of Disaster«, in *Radical America* (Juli–August 1983), 15.

2 Zum Unterschied zwischen HOLOCAUST-Literatur und wissenschaftlicher Forschung zur Massenvernichtung der Juden durch die Nazis s. Finkelstein u. Birn, *Eine Nation auf dem Prüfstand,* I, Abschnitt 3.

3 Jacob Neusner (Hrsg.), *Judaism in Cold War America, 1945–1990*, Bd. II: *In the Aftermath of the Holocaust* (New York: 1993), viii.

4 David Stannard, »Uniqueness as Denial«, in Alan Rosenbaum (Hrsg.), *Is the Holocaust Unique?* (Boulder: 1996), 193.

5 Jean Michel Chaumont, *La concurrence des victimes* (Paris: 1997), 148–9. Chaumont seziert die »Einzigartigkeit des Holocaust« in einem Gewaltstreich. Dennoch kann seine zentrale These, zumindest was die amerikanische Szene betrifft, nicht überzeugen. Chaumont zufolge entsprang das Holocaust-Phänomen aus dem verspäteten Bestreben jüdischer Überlebender nach öffentlicher Anerkennung für die Leiden der Vergangenheit. Doch beim ersten Vorstoß, DEN HOLOCAUST in den Vordergrund zu schieben, spielten Überlebende kaum eine Rolle.

6 Steven T. Katz, *The Holocaust in Historical Context* (Oxford: 1994), 28, 58, 60.

7 Chaumont, *La concurrence,* 137.

8 Novick, *The Holocaust,* 200–1, 211–12. Wiesel, *Against Silence,* Bd. I, 158, 211, 239, 272, Bd. II, 62, 81, 111, 278, 293, 347, 371, Bd. III, 153, 243. Elie Wiesel, *Alle Flüsse fließen ins Meer* (München: 1997), 138. Die Information zu Wiesels Vortragshonorar stammt von Ruth Wheat vom Organisationsbüro der [jüdischen Organisation] B'nai B'rith. »Worte sind«, laut Wiesel, »eine Art horizontaler Annäherung, während einem das Schweigen eine vertikale Annäherung anbietet. Man taucht hinein.« Springt Wiesel für seine Vorträge mit dem Fallschirm ab?

9 Wiesel, *Against Silence* Bd. III, 146.

10 Wiesel, *Und das Meer,* 156. Zum Vergleich folgende Nachrichten: Ken Livingstone, ehemaliges Mitglied der britischen Labour Party, der als unabhängiger Kandidat für das Amt des Oberbürgermeisters in London antrat, hat die Juden in England mit der Aussage erbost, der globale Kapitalismus habe ebenso viele Opfer gefordert wie der Zweite Weltkrieg. »Das internationale Finanzsystem tötet jedes Jahr mehr Menschen als der Zweite Weltkrieg, aber Hitler war wenigstens verrückt, wissen Sie …« »Das ist eine Verhöhnung all jener, die von Adolf Hitler ermordet und verfolgt worden sind«, erklärte John Butterfill, ein konservativer Abgeordneter. Mr. Butterfill meinte auch, Mr. Livingstones Anklage gegen das globale Finanz-

system enthalte entschieden antisemitische Untertöne. (»Livingstone's Words Anger Jews«, in der *International Herald Tribune* vom 13. April 2000.) Der kubanische Präsident Fidel Castro ... beschuldigte das kapitalistische System, regelmäßig eine Zahl von Toten in der Größenordnung wie im Zweiten Weltkrieg zu verursachen, weil es die Bedürfnisse der Armen ignoriere. »Die Bilder von Müttern und Kindern in ganzen Landstrichen Afrikas, die unter der Geißel der Dürre und anderen Katastrophen [leiden], erinnern uns an die Konzentrationslager Nazi-Deutschlands.« In Anspielung auf die Kriegsverbrecherprozesse nach dem Ende des Zweiten Weltkriegs erklärte der kubanische Führer: »Wir brauchen etwas wie Nürnberg, um über die uns aufgezwungene Wirtschaftsordnung zu richten, in der alle drei Jahre mehr Männer, Frauen und Kinder an Hunger und vermeidbaren Krankheiten sterben als im ganzen Zweiten Weltkrieg.«
In New York City meinte Abraham Foxman, der Leiter der amerikanischen ADL: »... Armut ist schwerwiegend, schmerzlich und möglicherweise tödlich, aber kein Holocaust und auch kein Konzentrationslager.« (John Rice, »Castro Viciously Attacks Capitalism«, *Associated Press,* 13. April 2000.)

11 Wiesel, *Against Silence,* Bd. III, 156, 160, 163, 177.

12 Chaumont, *La concurrence,* 156. Chaumont bringt auch das gewichtige Argument vor, daß die Behauptung vom unvorstellbar Bösen DES HOLOCAUST nicht mit der flankierenden Behauptung vereinbar sei, daß seine Täter vollkommen normal gewesen seien (310).

13 Katz, *The Holocaust,* 19, 22. »Die Behauptung, es sei *keine* Form eines ungerechtfertigten Vergleichs, wenn man die Einzigartigkeit hervorhebt, führt systematisch zu Doppelzüngigkeit«, bemerkt Novick. »Glaubt ... irgend jemand, daß die Behauptung einer Einzigartigkeit etwas *anderes* ist als ein Anspruch auf Überlegenheit?« (Hervorhebung im Original). Leider erlaubt auch Novick selbst sich solche ungerechtfertigten Vergleiche. So behauptet er beispiels-

weise, die (im Zusammenhang mit Amerika zwar als moralische Ausflucht zu bewertende) »wiederholte Versicherung, alles, was die Vereinigten Staaten den Schwarzen, den amerikanischen Ureinwohnern, den Vietnamesen oder anderen angetan hätten, verblasse im Vergleich zum Holocaust, ist wahr.« (*The Holocaust,* 197, 15)

14 Jacob Neusner, »A ›Holocaust‹ Primer«, 178, Edward Alexander, »Stealing the Holocaust«, 15–16, in Neusner, *Aftermath.*

15 Peter Baldwin (Hrsg.), *Reworking the Past* (Boston: 1990), 21.

16 Nathan Glazer, *American Judaism,* zweite Auflage (Chicago: 1973), 171.

17 Seymour M. Hersh, *The Samson Option* (New York: 1991), 22. Avner Cohen, *Israel and the Bomb* (New York: 1998), 10, 122, 342.

18 Ismar Schorsch, »The Holocaust and Jewish Survival«, in *Midstream* (Januar 1981), 39. Wie Chaumont überzeugend darlegt, entspringt die Behauptung der Einzigartigkeit des Holocaust dem religiösen Dogma von der Auserwähltheit der Juden und ergibt auch nur in diesem Kontext einen nachvollziehbaren Sinn.

19 Wiesel, *Against Silence,* Bd. I, 153. Wiesel, *Und das Meer,* 230.

20 Novick, *The Holocaust,* 59, 158–9.

21 Wiesel, *Und das Meer,* 104.

22 Daniel Goldhagen, *Hitlers willige Vollstrecker* [Berlin: 1996]. Eine Kritik findet sich bei Finkelstein und Birn, *Eine Nation.*

23 Hannah Arendt, *Elemente und Ursprünge totaler Herrschaft,* (München, Zürich: 7. Aufl. 2000), 36.

24 Cynthia Ozick, »All the World Wants the Jews Dead«, in *Esquire* (November 1974).

25 Boas Evron, *Jewish State or Israeli Nation* (Bloomington: 1995), 226–7.

26 Goldhagen, *Hitlers willige Vollstrecker,* 46, 53–4, 58, 61. Wiesel, *Und das Meer,* 73.

27 John Murray Cuddihy, »The Elephant and the Angels: The Incivil Irritatingness of Jewish Theodicy«, in Robert N. Bellah and Frederick E. Greenspahn (Hrsg.), *Uncivil Religion* (New York: 1987), 24. Zusätzlich zu diesem Artikel siehe auch seinen Beitrag »The Holocaust: The Latent Issue in the Uniqueness Debate«, in P. F. Gallagher (Hrsg.), *Christians, Jews, and Other Worlds* (Highland Lakes, N. J.: 1987).

28 Schorsch, *The Holocaust,* 39. Übrigens ist die Behauptung, Juden bildeten eine »begabte Minderheit«, in meinen Augen ebenfalls eine »geschmacklose säkulare Version der Auserwähltheit«.

29 Eine umfassende Darstellung dieser Thematik würde den Rahmen dieser Arbeit überschreiten, doch man möge einmal nur die erste These betrachten. Hitlers Krieg gegen die Juden, selbst wenn er rational nicht faßbar gewesen wäre (und allein das ist ein komplexes Thema), würde für sich genommen kaum eine einzigartige historische Begebenheit darstellen. Man erinnere sich zum Beispiel nur an die Hauptthese von Joseph Schumpeters Abhandlung über den Imperialismus, wonach »nichtrationaler und irrationaler, rein instinktiver Hang zu Krieg und Eroberung in der Menschheitsgeschichte eine sehr große Rolle gespielt hat … zahllose Kriege – vielleicht die meisten Kriege – sind … ohne begründete und vernünftige Interessen geführt worden.« (Joseph Schumpeter, »Zur Soziologie der Imperialismen«, *Archiv für Sozialwissenschaften und Sozialpolitik,* Bd. 46, 1918–1919).

30 Zu Goldhagen vgl. Anm. 26. Albert S. Lindemanns neueste Untersuchung des Antisemitismus, die die Konstruktion DES HOLOCAUST ausdrücklich nicht berücksichtigt, geht von der Voraussetzung aus, daß »ungeachtet der möglichen Kraft des Mythos nicht alle Feindschaft gegenüber den Juden, sei sie individuell oder kollektiv, auf fantastischen oder irrealen Ansichten über sie beruhen oder auf Projektionen, die keinerlei Bezug zu einer faßbaren

Realität gehabt hätten. Als Menschen sind die Juden wie alle anderen Gruppen in der Lage gewesen, in der säkularen Alltagswelt Feindseligkeit hervorzurufen.« (*Esau's Tears* [Cambridge: 1997], XVII)

31 Wiesel, *Against Silence,* Bd. I, 255, 384).

32 Chaumont bringt überzeugend vor, daß dieses Holocaust-Dogma andere Verbrechen auf wirkungsvolle Weise annehmbarer macht. Dadurch, daß man auf der radikalen Unschuld der Juden beharrt – das heißt, daß es kein rationales Motiv für ihre Verfolgung, ganz zu schweigen von ihrer Ermordung, gibt – »unterstellt man, daß Verfolgung und Ermordung unter anderen Umständen ›normal‹ sind, wodurch eine faktische Spaltung zwischen unbedingt unzulässigen Verbrechen und jenen Verbrechen geschaffen wird, mit denen man leben kann – und demnach muß.« (*La concurrence,* 176)

33 Perlmutter, *Anti-Semitism,* 36, 40.

34 Novick, *The Holocaust,* 351, Anm. 19.

35 New York: 1965. Ich stütze mich auf James Park Sloan, *Jerzy Kosinski* (New York: 1996) als Hintergrund.

36 Elie Wiesel, »Everybody's Victim«, in der *New York Times Book Review* (31. Oktober 1965). Wiesel, *Alle Flüsse,* 518. Das Ozick-Zitat stammt aus Sloan, 304–5. Wiesels Bewunderung für Kosinski ist nicht verwunderlich. Kosinski wollte die »neue Sprache« des Holocaust analysieren, Wiesel dafür »eine neue Sprache formen«. Für Kosinski ist das, »was zwischen Episoden liegt, sowohl ein Kommentar über die Episode als auch etwas, zu dem die Episode einen Kommentar liefert.« Für Wiesel »[ist] der Raum zwischen zwei Worten größer als der zwischen Himmel und Erde.« Für derlei profunde Tiefen gibt es im Polnischen ein geflügeltes Wort: »Von der Leere zum Vakuum.« Außerdem streuten beide in ihre Grübeleien freizügig Zitate von Albert Camus ein, ein verräterisches Zeichen von Scharlatanerie. Wiesel erinnert sich, daß Camus ihm einmal gesagt habe: »Ich beneide Sie um Auschwitz«, und fährt dann fort: »Camus

konnte sich nicht verzeihen, daß er jenes majestätische Ereignis, jenes Mysterium aller Mysterien, nicht kannte.« (Wiesel, *Alle Flüsse,* 321; Wiesel, *Against Silence,* Bd. II, 133.)

37 Geoffrey Stokes and Eliot Fremont-Smith, »Jerzy Kosinski's Tainted Words«, in *Village Voice* (22. Juni 1982). John Corry, »A Case History: 17 Years of Ideological Attack on a Cultural Target«, in der *New York Times* (7. November 1982). Um seiner Glaubwürdigkeit willen vollzog Kosinski eine Art Konversion auf dem Totenbett. In den wenigen Jahren zwischen seiner Entlarvung und seinem Selbstmord bedauerte Kosinski, daß die nichtjüdischen Opfer von der Holocaust-Industrie ausgeschlossen worden waren. »Viele Juden Nordamerikas neigen dazu, ihn als Shoah, als ausschließlich jüdische Katastrophe, wahrzunehmen ... Doch wenigstens die Hälfte der Roma auf der Welt (die man herabwürdigend als Zigeuner bezeichnet), etwa 2,5 Millionen polnische Katholiken sowie Millionen von Bürgern der Sowjetunion und anderer Nationalitäten sind ebenfalls diesem Völkermord zum Opfer gefallen...« Auch der »Tapferkeit der Polen« zollte er Tribut, die ihm trotz seines sogenannten »semitischen Aussehens ... während des Holocaust ... Zuflucht gewährten«. (Jerzy Kosinski, *Passing By* [New York: 1992], 165–6, 178–9) Als Kosinski während einer Holocaust-Konferenz gefragt wurde, was die Polen unternommen hätten, um Juden zu retten, schnauzte Kosinski zurück: »Was haben die Juden getan, um die Polen zu retten?«

38 Frankfurt/M.: 1995. Hintergründe zu Wilkomirskis Täuschungsmanöver finden sich besonders bei Elena Lappin, »The Man With Two Heads«, in *Granta,* Nr. 66, und Philip Gourevitch, »Stealing the Holocaust«, im *New Yorker* (14. Juni 1999).

39 Eine weitere wichtige »literarische« Beeinflussung Wilkomirskis geht von Wiesel aus. Man vergleiche die folgenden Passagen:
Wilkomirski: »Ich sah ihre weit aufgerissenen Augen, und

mit einem Schlage war mir klar: Diese Augen wußten alles, sie hatten alles gesehen, was auch meine Augen gesehen hatten, diese Augen wußten unendlich viel mehr als alle anderen in diesem Land. Es waren Augen, die ich kannte. Tausendfach hatte ich sie gesehen, im Lager und auch später. Es waren auch Karolas Augen. Mit diesen Augen hatten wir Kinder uns damals alles erzählt. Sie wußte es auch, ihr Blick grub sich in meine Augen bis ins Herz.« (*Bruchstücke,* 130)
Wiesel: »Die Augen – ich muß dir von ihren Augen erzählen. Ich muß mit ihnen beginnen, denn ihre Augen gehen allem anderen voraus, und in ihnen ist alles enthalten. Der Rest kann warten. Es wird nur bestätigen, was du schon weißt. Doch ihre Augen – ihre Augen sind in einer Art unzerstörbarer Wahrheit entflammt, die brennt und sich nicht aufzehrt. In ihrem Angesicht schweigst du beschämt, du kannst nur den Kopf senken und das Urteil annehmen. Die Welt so zu sehen, wie sie ist, das ist alles, was du dir wünschst. Du bist ein erwachsener Mann, ein kluger und erfahrener Mann, und doch bist du plötzlich von Ohnmacht ergriffen und schrecklich ausgelaugt. Jene Augen erinnern dich an deine Kindheit, daran, daß du ein Waisenkind warst, sie bringen dich dazu, daß du jeden Glauben an die Kraft der Sprache verlierst. Jene Augen verneinen den Wert der Worte; sie lassen das Bedürfnis nach Sprache schwinden.« (*The Jews of Silence* [New York: 1966], 3)
Wiesel besingt »die Augen« noch auf weiteren eineinhalb Seiten. Seine literarische Könnerschaft paßt zu seiner Meisterschaft in Dialektik. An einer Stelle bekennt Wiesel: »Ich glaube an die Kollektivschuld, im Gegensatz zu manchen Liberalen.« An anderer Stelle gibt er zu: »Ich glaube nicht an eine Kollektivschuld.« (Wiesel, *Against Silence,* Bd. II, 134; Wiesel, *Und das Meer,* 258, 389)

40 Bernd Naumann, *Auschwitz* (Frankfurt/M.: 1965), 115. Siehe auch Birn und Finkelstein, *Eine Nation,* 67–8, wo eine ausführliche Dokumentation zu finden ist.

41 Elena Lappin, »The Man with Two Heads« in *Granta,* Nr. 66. Hilberg stellt immer die richtigen Fragen. Deswegen gilt er in der HOLOCAUST-Gemeinde als Paria; siehe Hilberg, *The Politics of memory,* an verschiedenen Stellen.
42 Elena Lappin, »The Man with Two Heads« in *Granta,* Nr. 66.
43 »Publisher Drops Holocaust Book«, in der *New York Times* (3. November 1999). Alan Hall and Laura Williams, »Holocaust Hoaxer?« in der *New York Post* (4. November 1999).
43 a *Enzyklopädie des Holocaust. Die Verfolgung und Ermordung der europäischen Juden,* hg. von Israel Gutman; dt. Ausgabe hg. von Eberhard Jäckel, Peter Longerich, Julius H. Schoeps, Berlin: Argon 1993 und München: Piper 1998 (Anm. d. Verlags).
44 Novick, *The Holocaust,* 158. Segev, *Die siebte Million,* 558. Wiesel, *Und das Meer,* 337.
45 Bernard Lewis, *Semites and Anti-Semites* (New York: 1986), Kap. 6; Lewis, *The Middle East* (New York: 1995), 348–50. Berenbaum, *After Tragedy,* 84.
46 *New York Times,* 27. März, 3. April 1996. *Time,* 23. Dezember 1996.
47 Yehuda Bauer, »Reflections Concerning Holocaust History«, in Louis Greenspan and Graeme Nicholson (Hrsg.), *Fackenheim* (Toronto: 1993), 164, 169. Yehuda Bauer, »On Perpetrators of the Holocaust and the Public Discourse«, in *Jewish Quarterly Review,* Nr. 87 (1997), 348–50. Norman G. Finkelstein and Yehuda Bauer, »Goldhagen's *Hitler's Willing Executioners*: An Exchange of Views«, in *Jewish Quarterly Review,* Nr. 1 u. 2 (1998), 126.
48 Zum Hintergrund und zu den folgenden Absätzen siehe Charles Glass, »Hitler's (un)willing executioners«, im *New Statesman* (23. Januar 1998), Laura Shapiro, »A Battle Over the Holocaust«, in *Newsweek* (23. März 1998), und Tibor Krausz, »The Goldhagen Wars«, im *Jerusalem Report* (3. August 1998). Für diese und ver-

wandte Themen vgl. auch www.NormanFinkelstein.com (mit einem Link zu Goldhagens Website).

49 Daniel Jonah Goldhagen, »Daniel Jonah Goldhagen Comments on Birn«, in *German Politics and Society* (Sommer 1998), 88, 91 Anm. 2. Daniel Jonah Goldhagen, »The New Discourse of Avoidance«, Anm. 25 (www.Goldhagen.com/nda0.html).

50 Hoffmann betreute Goldhagens Dissertation, aus der *Hitlers willige Vollstrecker* hervorging. Dennoch schrieb er (unter grober Mißachtung akademischer Gepflogenheiten) nicht nur eine begeisterte Kritik über Goldhagens Buch für die Zeitschrift *Foreign Affairs,* sondern bewertete *Eine Nation auf dem Prüfstand* in einer zweiten Besprechung für die Zeitschrift als »schockierend« (*Foreign Affairs,* Mai/Juni 1996 und Juli/August 1998). Maier schickte einen langen Beitrag an die Website www2.h-net.msu.edu. Der einzige »Aspekt an dieser so viel Raum beanspruchenden Geschichte«, die Maier letztlich »wahrhaft geschmacklos und tadelnswert« fand, seien die kritischen Äußerungen über Goldhagen. Deshalb schloß er sich »einer daraus hervorgehenden Feststellung der Böswilligkeit« in Goldhagens Klage gegen Birn an und verurteilte meine Argumentation als »abwegige und hetzerische Spekulation« (23. November 1997).

51 Reinbek: 1996. Lipstadt hat den Holocaust-Lehrstuhl der Emory University inne und wurde kürzlich in den Rat des United States Holocaust Memorial berufen.

52 Die Umfrage des AJC verwendete eine doppelte Verneinung und lud so geradewegs zur Verwirrung ein: »Erscheint es Ihnen möglich oder erscheint es Ihnen nicht möglich, daß die Auslöschung der Juden durch die Nazis nicht stattgefunden hat?« Zweiundzwanzig Prozent der Befragten antworteten: »Es erscheint möglich.« In anschließenden Umfragen, bei denen die Frage geradeheraus formuliert war, lag die Leugnung des Holocaust annähernd bei Null. Eine neuere Untersuchung des AJC in 11 Ländern ergab, daß ungeachtet der von Extremisten der

Rechten verbreiteten Behauptung des Gegenteils »nur wenige Menschen den Holocaust leugneten«. (Jennifer Golub and Renae Cohn, *What Do Americans Know About the Holocaust?* [The American Jewish Committee: 1993]; »Holocaust Deniers Unconvincing – Surveys« in der *Jerusalem Post* [4. Februar 2000]) Dennoch hob David Harris vom AJC bei einer Kongreß-Anhörung zum »Antisemitismus in Europa« die ins Auge springende Leugnung des Holocaust durch die europäische Rechte hervor, ohne den eigenen Befund des AJC auch nur zu erwähnen, daß diese Verleugnung beim allgemeinen Publikum praktisch keinen Widerhall findet (Anhörung vor dem Außenpolitischen Ausschuß des Senats der Vereinigten Staaten, 5. April 2000).

53 Siehe »France Fines Historian Over Armenian Denial«, im *Boston Globe* (22. Juni 1995), sowie »Bernard Lewis and the Armenians«, in *Counterpunch* (16.–31. Dezember 1997).

54 Israel Charny, »The Conference Crisis. The Turks, Armenians and the Jews,« in *The Book of the International Conference on the Holocaust and Genocide. Book One: The Conference Program and Crisis* (Tel Aviv: 1982). Israel Amrani, »A Little Help for Friends«, in *Haaretz* (20. April 1990) (Bauer). Laut Wiesels eigenem bizarrem Bericht trat er als Vorsitzender der Konferenz zurück, um »unsere armenischen Gäste nicht zu beleidigen«. Vermutlich war es ebenfalls Höflichkeit gegenüber den Armeniern, daß er versuchte, die Konferenz abzubrechen, und andere bedrängte, nicht daran teilzunehmen (Wiesel, *Und das Meer,* 121).

55 Edward T. Linenthal, *Preserving Memory* (New York: 1995), 228 ff., 263, 312–13.

56 Lipstadt, *Leugnen,* 40, 49, 64, 156–158.

57 Wiesel, *Alle Flüsse,* 515, 519.

58 Lipstadt, *Leugnen,* Kapitel 11.

59 »A New Serbia«, in *New Republic* (17. Mai 1999).

60 Siehe zum Beispiel Meron Benvenisti, »Seeking Tra-

gedy«, in *Haaretz* (16. April 1999), Zeev Chafets, »What Undergraduate Clinton Has Forgotten«, im *Jerusalem Report* (10. Mai 1999), und Gideon Levi, »Kosovo: It is Here«, in *Haaretz* (4. April 1999). (Benvenisti beschränkt den serbischen Vergleich auf das Vorgehen Israels nach dem Mai 1948.)

61 Arno Mayer, *Der Krieg als Kreuzzug* (Reinbek: 1989). Christopher Hitchens, »Hitler's Ghost«, in *Vanity Fair* (Juni 1996) (Hilberg). Eine ausgewogene Einschätzung Irvings findet sich bei Gordon A. Craig, »The Devil in the Details«, in der *New York Review of Books* (19. September 1996). Craig verwirft Irvings Behauptungen zur Massenvernichtung der Juden durch die Nazis unverblümt als »beschränkt und schnell zu widerlegen«, fährt aber dennoch fort: »Er weiß mehr über den Nationalsozialismus als die meisten Fachgelehrten seines Gebiets, und wer die Jahre 1933–1945 studiert, verdankt seiner Energie als Forscher und der Spannweite und Kraft seiner Veröffentlichungen mehr, als er je zugeben möchte … Sein Buch *Hitlers Krieg* (München: 1985) bleibt die beste Untersuchung, die wir über die deutsche Seite des Zweiten Weltkriegs besitzen, und insofern auch unentbehrlich für alle, die diesen Konflikt erforschen … Solche Leute wie David Irving spielen denn auch eine unentbehrliche Rolle in dem Unternehmen der Geschichtsschreibung, und wir können uns nicht leisten, ihre Ansichten außer Acht zu lassen.«

62 Zu den gescheiterten Versuchen, zwischen 1984 und 1994 ein nationales afrikanisch-amerikanisches Museum an der Washington Mall zu errichten, siehe Fath Davis Ruffins, »Culture Wars Won and Lost, Part II: The National African-American Museum Project«, in *Radical History Review* (Winter 1998). Die Kongreß-Initiative wurde schließlich von Senator Jesse Helms aus North Carolina abgewürgt. Der Jahresetat des Washingtoner Holocaust Museums beläuft sich auf 50 Millionen Dollar, von denen 30 Millionen der Bund trägt.

63 Für Hintergrundinformationen siehe Linenthal, *Preserving Memory,* Saidel, *Never Too Late,* bes. die Kapitel 7, 15, sowie Tim Cole, *Selling the Holocaust* (New York: 1999), Kap. 6.

64 Michael Berenbaum, *The World Must Know* (New York: 1993), 2, 214. Omer Bartov, *Murder in Our Midst,* (Oxford: 1996), 180.

65 Einzelheiten dazu bei Kati Morton, *A Death in Jersualem,* (New York: 1994), Kap. 9. In seinen Memoiren erinnert Wiesel sich an Bernadottes eigentlichen Mörder Yehoshua Cohen »mit legendärer ›terroristischer‹ Vergangenheit«. Man beachte die Anführungszeichen bei dem Wort terroristisch. (Wiesel, *Und das Meer,* 93) Das New York City Holocaust Museum, das nicht weniger in Politik verstrickt ist (sowohl Bürgermeister Ed Koch als auch Gouverneur Mario Cuomo buhlten um jüdische Stimmen und Gelder), war auch schon sehr früh ein Spielball örtlicher jüdischer Erschließungsfirmen und Finanziers. Einmal versuchten die Bauträger, die Bezeichnung »Holocaust« im Namen des Museums herunterzuspielen, weil sie fürchteten, dies würde den Wert der benachbarten luxuriösen Wohnanlage mindern. Scherzbolde witzelten, der Komplex sollte »Treblinka Towers« genannt werden, und die umliegenden Straßen sollte man »Auschwitz Avenue« und »Birkenau Boulevard« taufen. Obwohl bekannt wurde, daß J. Peter Grace mit einem verurteilten Nazi-Kriegsverbrecher assoziiert war, warb das Museum Gelder von ihm ein, und es organisierte einen Galaabend in der Diskothek *The Hot Rod* – »Die New York Holocaust Memorial Commission lädt Sie ein, die Nacht mit Rock and Roll durchzutanzen« (Saidel, *Never Too Late,* 8, 121, 132, 145, 158, 161, 191, 240).

66 Novick nennt das die Kontroverse »6 Millionen oder 11 Millionen«. Die Zahl von 5 Millionen für nichtjüdische tote Zivilisten kam offenbar durch den berühmten »Nazi-Jäger« Simon Wiesenthal in die Welt. Mit der Feststellung, daß das »keinen historischen Sinn ergibt«, schreibt

Novick: »Fünf Millionen ist entweder viel zu niedrig (für alle nichtjüdischen Zivilisten, die vom Dritten Reich umgebracht wurden) oder viel zu hoch (für nichtjüdische Gruppen, die, wie die Juden, gezielt ermordet wurden).« Er beeilt sich jedoch hinzuzufügen, daß es »natürlich nicht um die Zahlen als solche geht, sondern darum, was gemeint ist, worauf wir uns beziehen, wenn wir vom ›Holocaust‹ sprechen.« Nachdem er diesen Vorbehalt eingebracht hat, setzt Novick sich seltsamerweise dafür ein, nur der Juden zu gedenken, da die Zahl von 6 Millionen »etwas genau Umrissenes und Bestimmtes beschreibt«, während die Zahl von 11 Millionen »unannehmbar verschwommen ist« (Novick, *The Holocaust,* 214–26).

67 Wiesel, *Against Silence,* Bd. III, 166.

68 Was die Behinderten als erste Opfer der Nazi-Massenmorde angeht, siehe bes. Henry Friedlander, *Der Weg zum NS-Genozid* (Berlin: 1997). Laut Leon Wieseltier »starben« die Nichtjuden, die in Auschwitz umkamen, »einen Tod, der für die Juden erdacht worden war …, als Opfer einer ›Lösung‹, die für andere bestimmt war« (Leon Wieseltier, »At Auschwitz Decency Dies Again«, in der *New York Times* [3. September 1989]). Doch wie zahlreiche wissenschaftliche Untersuchungen zeigen, war es der für behinderte Deutsche erdachte Tod, den man den Juden auferlegte; zusätzlich zu Friedlanders Studie siehe zum Beispiel Michael Burleigh, *Death and Deliverance* (Cambridge: 1994).

69 Sybil Milton, Autorin zahlreicher Veröffentlichungen zur Geschichte der Zigeuner und früher leitende Historikerin des United States Holocaust Museum, berichtet, daß »mindestens 220 000 Roma und Sinti im Holocaust ermordet wurden« und daß »die Zahl eher höher anzusetzen« sei, »wahrscheinlich bei 500 000« (»Statistical Considerations: Roma/Sinti Mortality during the Holocaust«, 24. Dezember 1999).

70 Friedlander, *Der Weg…*: »Neben den Juden ermordeten die Nationalsozialisten auch die europäischen Zigeuner.

Definiert als ›dunkelhäutige‹ Rasse, konnten Zigeuner – Männer, Frauen und Kinder – ihrem Schicksal als Opfer des Nazi-Massenmords nicht entrinnen … Ich erkannte, daß das NS-Regime nur drei Gruppen von Menschen systematisch ermordete: die Behinderten, die Juden und die Zigeuner« (12). (Abgesehen davon, daß Friedlander ein Historiker ersten Ranges ist, war er auch Häftling in Auschwitz.) Raul Hilberg, *Die Vernichtung der europäischen Juden* (Berlin 1982), 318. Mit gewohnter Aufrichtigkeit behauptet Wiesel in seinen Memoiren, er sei enttäuscht gewesen, daß der Holocaust Memorial Council, dessen Vorsitzender er war, keinen Vertreter der Zigeuner in seinen Reihen hatte – als hätte es nicht in seiner Macht gestanden, einen zu ernennen (Wiesel, *Und das Meer,* 317–18).

71 Linenthal, *Preserving Memory,* 241–6, 315.

72 Obwohl die »partikularistische jüdische Ausrichtung« (Saidel) des New York City Holocaust Museum sogar noch ausgeprägter war – nichtjüdische Opfer der Nazis erhielten schnell davon Kenntnis, daß es »nur für Juden« war –, bekam Yehuda Bauer schon einen Wutanfall, als die Kommission auch nur darauf hinwies, daß der Holocaust mehr umfaßte als nur jüdische Opfer. »Solange das nicht sofort und radikal anders wird«, drohte Bauer in einem Brief an Mitglieder der Kommission, »werde ich jede Gelegenheit wahrnehmen, … diese unerhörte Absicht von jeder mir verfügbaren öffentlichen Plattform aus anzugreifen« (Saidel, *Never Too Late,* 125–6, 129, 212, 221, 224–5).

73 Hintergründe finden sich bei Finkelstein, *Image and Reality,* Kap. 2.

74 »ZOA Criticizes Holocaust Museum's Hiring of Professor Who Compared Israel to Nazis«, in *Israel Wire* (5. Juni 1998). Neal M. Sher, »Sweep the Holocaust Museum Clean«, in der *Jewish World Review* (22. Juni 1998). »Scoundrel Time«, in PS – *The Intelligent Guide to Jewish Affairs* (21. August 1998). Daniel Kurtzman, »Holocaust

Museum Taps One of Its Own for Top Spot«, in *Jewish Telegraphic Agency* (5. März 1999). Ira Stoll, »Holocaust Museum Acknowledges a Mistake«, in *Forward* (13. August 1999).

75 Noam Chomsky, *World Orders Old and New,* (New York: 1996), 293–4 (Shavit).

3. Kapitel

1 Henry Friedlander, »Darkness and Dawn in 1945: The Nazis, the Allies, and the Survivors«, in US *Holocaust Memorial Museum, 1945 – the Year of Liberation* (Washington: 1995), 11–35.

2 Siehe zum Beispiel Segev, *Die siebte Million,* 329–30.

3 Lappin, *The Man With Two Heads,* 48. D. D. Guttenplan, »The Holocaust on Trial«, in *Atlantic Monthly* (Februar 2000), 62 (man beachte aber zum Vergleich den obenstehenden Text, in dem Lipstadt Zweifel an der Aussage eines Überlebenden mit der Leugnung des Holocaust gleichsetzt).

3a Diese Stelle wurde in der Originalausgabe heftig angegriffen, da es eine Teilausgabe von Kants *Kritik der praktischen Vernunft* auf Jiddisch gab (Etik fun Bukh Kritik fun der praktischer Fernunft, Warschau 1929). Aber Wiesel spricht von der *Kritik der reinen Vernunft* (Anm. des Verlags).

4 Wiesel, *Alle Flüsse,* 81, 182, 204, 238, 445. *Jewish Week,* 17. September 1999. *New York Times,* 5. März 1997.

5 Leonard Dinnerstein, *America and the Survivors of the Holocaust* (New York: 1982), 24.

6 Daniel Ganzfried, »Binjamin Wilkomirski und die verwandelte Polin«, in der *Weltwoche* (4. November 1999).

7 Marilyn B. Young, *The Vietnam Wars* (New York: 1991), 301–2. »Cohen: US Not Sorry for Vietnam War«, *Associated Press* (11. März 2000).

8 Hintergründe finden sich bes. bei Nana Sagi, *Wiedergutmachung für Israel: Die deutschen Zahlungen und Lei-*

stungen (Stuttgart: 1981), und Ronald W. Zweig, *German Reparations and the Jewish World* (Boulder: 1978). Beide Bände sind offizielle Berichte, die von der Claims Conference in Auftrag gegeben wurden.

9 Auf eine parlamentarische Anfrage des deutschen Bundestagsabgeordneten Martin Hohmann (CDU) gab die deutsche Regierung (wenn auch in sehr gewundener Sprache) vor kurzem zu, daß nur 15 Prozent der an die Claims Conference ausgehändigten Gelder den eigentlichen jüdischen Opfern der Naziverfolgung zugute kämen. Die Erwiderung der deutschen Regierung fährt fort, »der Vorwurf, die 450 Mio. DM seien ›zweckentfremdet‹ und den Holocaust-Opfern ›vorenthalten‹ worden, trifft somit nicht zu.« S. Protokoll des Deutschen Bundestages, 14. Wahlperiode, 23. 2. 2000, S. 8277, Antwort Staatssekretär Diller auf Anfrage Hohmann. Diese Versicherung kann jedoch in Einklang gebracht werden mit der offiziellen Geschichte der Jewish Claims Conference (vgl. Anm. 10).

10 In seiner offiziellen Geschichte räumt Ronald Zweig ausdrücklich ein, daß die Claims Conference gegen die Bestimmungen des Abkommens verstieß: »Der Zufluß von Mitteln der Konferenz gestattete es dem Joint [Distribution Committee], Programme in Europa fortzusetzen, die es ansonsten beendet hätte, und Programme anzugehen, die es sonst wegen fehlender Gelder nicht ins Auge gefaßt hätte. Die auffälligste Veränderung bei den Ausgaben des JDC infolge von Wiedergutmachungszahlungen waren die Zuwendungen für moslemische Länder; hier stiegen seine Aktivitäten während der ersten drei Jahre der Zuschüsse von der Konferenz um 68 Prozent an. Trotz der formellen Beschränkungen für die Verwendung der Wiedergutmachungsfonds, die das Abkommen mit Deutschland vorsah, wurde das Geld dort eingesetzt, wo es am dringendsten gebraucht wurde. Moses Leavitt [ein hochrangiger Offizieller der Claims Conference] ... erklärte: ›Unser Budget berücksichtigte den Bedarf nach

Priorität, und zwar innerhalb und außerhalb Israels, in den moslemischen Ländern insgesamt ... Die Gelder der Konferenz sahen wir lediglich als Teil eines allgemeinen Fonds an, der uns zur Verfügung stand, um den Bereich des jüdischen Bedarfs abzudecken, für den wir verantwortlich waren, den Bereich mit der höchsten Priorität‹« (*German Reparations,* 74).

11 Siehe zum Beispiel Lorraine Adams, »The Reckoning«, im *Washington Post Magazine* (20. April 1997), Netty C. Gross, »The Old Boys Club«, im *Jerusalem Report* (15. Mai 1997, 16. August 1997), Rebecca Spence, »Holocaust Insurance Team Racking Up Millions in Expenses as Survivors Wait«, in *Forward* (30. Juli 1999) und Verena Dobnik, »Oscar Hammerstein's Cousin Sues German Bank Over Holocaust Assets«, in *AP Online* (20. November 1998) (Hertzberg).

12 Greg B. Smith, »Federal Judge OKs Holocaust Accord«, in *Daily News* (7. Januar 2000). Janny Scott, »Jews Tell of Holocaust Deposits«, in der *New York Times* (17. Oktober 1996). Saul Kagan las eine Kopie des Abschnitts über die Claims Conference. Die letzte Version enthält alle seine Korrekturen zu den Sachverhalten.

13 Elli Wohlgelernter, »Lawyers and the Holocaust«, in der *Jerusalem Post* (6. Juli 1999).

14 Hintergrundinformationen zu diesem Abschnitt finden sich bei Tom Bower, *Das Gold der Juden* (München: 1998), Itamar Levin, *The Last Deposit* (Westport, Conn.: 1999), Gregg J. Rickman, *Swiss Banks and Jewish Souls* (New Brunswick, NJ: 1999), Isabel Vincent, *Das Gold der verfolgten Juden* (München: 1997), Jean Ziegler, *Die Schweiz, das Gold und die Toten* (München: 1998). Trotz ihrer ausgeprägten Voreingenommenheit gegenüber der Schweiz enthalten diese Bücher viele nützliche Informationen.

15 Levin, *Last Deposit,* Kap. 6–7. Zu dem irreführenden israelischen Bericht (obwohl er es nicht erwähnt, war Levin der Autor) siehe Hans J. Halbheer, »To Our Ameri-

can Friends«, in *American Swiss Foundation Occasional Papers* (ohne Datum).

16 In den Vereinigten Staaten waren dreizehn Ableger von sechs Schweizer Banken tätig. 1994 verliehen Schweizer Banken insgesamt 38 Milliarden Dollar an amerikanische Unternehmen und verwalteten für ihre Kunden Hunderte von Milliarden Dollar an Investitionen in amerikanische Aktien und Banken.

17 1992 rief der WJC eine neue Organisation ins Leben, die World Jewish Restitution Organization (WJRO, etwa Weltorganisation für die Rückgabe jüdischen Eigentums), die die juristische Zuständigkeit für den Besitz von Überlebenden des Holocaust, ob lebend oder tot, beanspruchte. Die WJRO mit dem Vorsitzenden Bronfman ist formal eine Dachorganisation jüdischer Verbände nach dem Vorbild der Jewish Claims Conference.

18 Anhörungen vor dem Senatsausschuß Bankwesen, Wohnungsbau und Gemeindeangelegenheiten, 23. April 1996. Bronfmans Verteidigung »jüdischer Interessen« ist sehr selektiv. Er ist ein wichtiger Geschäftspartner des rechtslastigen deutschen Medienmoguls Leo Kirch, der in den letzten Jahren u. a. mit dem Versuch auf sich aufmerksam machte, einen Zeitungsredakteur zu feuern, der ein Verfassungsgerichtsurteil guthieß, wonach Kruzifixe in öffentlichen Schulen nicht zulässig sind (*www.Seagram.com/company_info/history/main.html*; Oliver Gehrs, »Einfluß aus der Dose«, im *Tagesspiegel* [12. September 1995]).

19 Rickman, *Swiss Banks,* 50–1. Bower, *Das Gold der Juden,* 359.

20 Bower, *Das Gold,* 354 (»Sprachrohr«), 365, 367; vgl. 319. Alan Morris Schom, »The Unwanted Guests, Swiss Forced Labor Camps, 1940–1944«, A Report Prepared for the Simon Wiesenthal Center, Januar 1998. (Schom stellt fest, diese seien »in Wahrheit Sklavenarbeitslager« gewesen.) Levin, *Last Deposit,* 158, 188. Eine nüchterne Abhandlung über die schweizerischen Flüchtlingslager

findet sich bei Ken Newman (Hrsg.), *Swiss Wartime Camps: A Collection of Eyewitness Testimonies, 1940–1945* (Zürich; 1999), und bei International Commission of Experts, Switzerland – Second World War, *Switzerland and Refugees in the Nazi Era* (Bern: 1999), Kap. 4.4.4. Saidel, *Never Too Late,* 222–3 (»Dachau«, »sensationsträchtig«). Yossi Klein Halevi, »Who Owns the Memory?« im *Jerusalem Report* (25. Februar 1993). Wiesenthal überläßt dem Zentrum seinen Namen für 90 000 Dollar pro Jahr.

21 Bower, *Das Gold,* 11, 24, 76, 62, 22, 60, 110, 129, 185, 265. Rickman, *Swiss Banks,* 219.

22 Thomas Sancton, »A Painful History«, in *Time,* 24. Februar 1997. Anhörungen vor dem Ausschuß für Bankenwesen and Finanzdienstleistungen des Abgeordnetenhauses, 25. Juni 1997. Bower, *Das Gold,* 361. Rickman, *Swiss Banks,* 48. Auch Levin verschweigt, daß Salmanovitz Jude war. (vgl. 5, 129, 135).

23 Levin, *Last Deposit,* 60. Anhörungen vor dem Ausschuß für Bankenwesen und Finanzdienstleistungen des Repräsentantenhauses, 11. Dezember 1996 (dort wird Wiesels Zeugenaussage vom 16. Oktober 1996 vor dem Senatsausschuß für das Bankenwesen zitiert). Raul Hilberg, *Die Vernichtung der europäischen Juden* (Berlin: 1982), Kap. 5.

24 Anhörungen vor dem Ausschuß für Bankenwesen, Wohnungsbau und Gemeindeangelegenheiten des US-Senats, 6. Mai 1997.

25 Anhörung vor dem Ausschuß für Bankenwesen und Finanzdienstleistungen des Repräsentantenhauses, 11. Dezember 1996. Smith kritisierte vor der Presse, daß D'Amato die Dokumente, die er selbst vor langer Zeit ausgegraben hatte, als neue Entdeckungen angepriesen hätte. In einer absurden Erwiderung setzte sich Rickman, der für die Anhörungen vor dem Kongreß über das US Holocaust-Museum ein umfangreiches Kontingent von Forschern mobilisiert hatte, zur Wehr: »Ich weiß zwar

von Smiths Buch, doch ich habe es bewußt nicht gelesen, damit man mir nicht vorwerfen kann, ich würde ›seine Dokumente‹ benutzen« (113). Vincent, *Das Gold der verfolgten Juden,* 234.

26 Bower, *Das Gold,* 367. Anhörung vor dem Ausschuß für Bankenwesen und Finanzdienstleistungen des Repräsentantenhauses, 25. Juni 1997.

27 Rickman, *Swiss Banks,* 77. Die maßgebliche Abhandlung dieses Themas findet sich in Peter Hug und Marc Perrenoud, *In der Schweiz liegende Vermögenswerte von Nazi-Opfern und Entschädigungsabkommen mit Oststaaten,* (Bern: 1997). Zur frühen Diskussion in den USA siehe Seymour J. Rubin and Abba P. Schwartz, »Refugees and Reparations«, in *Law and Contemporary Problems* (Duke University School of Law: 1951), 283.

28 Levin, *Last Deposit,* 93, 186. Anhörung vor dem Ausschuß für Bankenwesen und Finanzdienstleistungen des Repräsentantenhauses, 11. Dezember 1996. Rickman, *Swiss Banks,* 218. Bower, *Das Gold,* 372, 377. Eine Woche nach der Einrichtung des Sonderfonds verkündete der Präsident der Schweiz, »erschrocken über die nicht nachlassende Feindseligkeit in Amerika« (Bower), man werde eine 5 Milliarden Dollar umfassende Solidarstiftung einrichten, »um Armut, Verzweiflung und Gewalt« weltweit »zu verringern«. Zur Billigung der Stiftung war jedoch eine Volksabstimmung erforderlich, und die Opposition im Land war schnell zur Stelle. So bleibt ihre Zukunft ungewiß.

29 Bower, *Das Gold,* 315. Vincent, *Silent Partners,* 211. Rickman, *Swiss Banks,* 184 (Volcker).

30 Levin, *Last Deposit,* 187–8, 125.

31 Levin, *Last Deposit*. 218, Rickman, *Swiss Banks,* 214, 223, 221.

32 Rickman, *Swiss Banks,* 231.

33 Ebd. Rickman überschrieb dieses Kapitel seines Berichts treffend mit »Boykottmaßnahmen und Diktate«.

34 Für den vollständigen Text der »Vergleichsvereinbarung der Sammelklage« siehe Independent Committee of Emi-

nent Persons, *Report on Dormant Accounts of Victims of Nazi Persecution in Swiss Banks* (Bern: 1999), Anhang O. Zusätzlich zu dem Sonderfonds über 200 Millionen Dollar und der Vergleichssumme von 1,25 Milliarden Dollar luchste die Holocaust-Industrie 1997 im Zuge einer Londoner Konferenz über das Schweizer Gold den USA und ihren Verbündeten weitere 70 Millionen Dollar ab.

35 Zur Politik der USA gegenüber jüdischen Flüchtlingen in diesen Jahren siehe David S. Wyman, *Paper Walls* (New York: 1985), sowie *Das unerwünschte Volk* (Ismaning b. München: 1986). Zur Politik der Schweiz siehe Unabhängige Expertenkommission, Schweiz – Zweiter Weltkrieg, *Die Schweiz und die Flüchtlinge während der Nazizeit* (Bern: 1999). Für die restriktiven Quoten der USA wie der Schweiz werden ähnliche Faktoren genannt: wirtschaftlicher Niedergang, Fremdenfeindlichkeit, Antisemitismus und später auch Sicherheitsfragen. In Erinnerung an die »Heuchelei in den Aussagen anderer Länder, insbesondere der USA, die in keiner Weise daran interessiert waren, ihre Einwanderungsgesetze zu liberalisieren«, schrieb die Unabhängige Expertenkommission, daß die Flüchtlingspolitik der Schweiz (obwohl sie das Land scharf kritisierte) »ähnlich wie die der Regierungen der meisten anderen Staaten war.« (42, 263). In der ausgiebigen Berichterstattung der amerikanischen Medien zu den kritischen Befunden der Kommission konnte ich keine Erwähnung dieses Punktes finden.

36 Anhörung vor dem Senatsausschuß für Bankwesen, Wohnungsbau und Gemeindeangelegenheiten, 15. Mai 1997 (Eizenstat und D'Amato). Anhörung vor dem Senatsausschuß für Bankenwesen, Wohnungsbau und Gemeindeangelegenheiten, 23. April 1996 (Bronfman, der Clinton und den Brief der Führer der Kongreßparteien zitiert). Anhörung vor dem Ausschuß für Bankenwesen und Finanzdienstleistungen des Repräsentantenhauses, 11. Dezember 1996 (Leach). Anhörung vor dem Ausschuß für Bankenwesen und Finanzdienstleistungen des Repräsentanten-

hauses, 25. Juni 1997 (Leach). Rickman, *Swiss Banks,* 204 (Albright).

37 Die einzige abweichende Stimme im Verlauf der vielen Kongreß-Anhörungen zum Thema Holocaust-Entschädigung kam von der Kongreßabgeordneten Maxine Waters aus Kalifornien. Während sie »tausendprozentige Unterstützung« anmeldete, »um Gerechtigkeit für alle Opfer des Holocaust zu erreichen«, fragte Waters auch, »wie diese Vorlage zu übernehmen und einzusetzen ist, um die Sklavenarbeit meiner Vorfahren hier in den Vereinigten Staaten zu behandeln. Es ist sehr seltsam, hier zu sitzen…, ohne mich zu fragen, was ich tun könnte, … daß die Sklavenarbeit in den Vereinigten Staaten anerkannt wird… Entschädigungen innerhalb der afrikanisch-amerikanischen Gemeinschaft sind im Grunde als radikale Vorstellung verdammt worden, und über viele von denen, … die sich so sehr darum bemüht haben, dieses Thema vor den Kongreß zu bringen, hat man sich buchstäblich lustig gemacht.« Insbesondere schlug sie vor, Regierungsbehörden, die beauftragt seien, Entschädigungen für den Holocaust zu erreichen, auch damit zu beauftragen, Entschädigungen für »Sklavenarbeit im Inland« zu erreichen. »Die verehrte Dame rührt an ein außerordentlich tiefgründiges Thema«, erwiderte James Leach vom Bankenausschuß des Repräsentantenhauses, »und der Vorstand wird darüber beraten… Das Thema, das Sie sowohl vor dem Hintergrund der amerikanischen Geschichte als auch vor dem Hintergrund der Menschenrechte aufwerfen, reicht sehr weit.« Zweifellos wird dieses Thema ganz weit weg in der Gedächtnislücke des Ausschusses abgelegt werden (Anhörung vor dem Ausschuß für Bankenwesen und Finanzdienstleistungen des Repräsentantenhauses, 9. Februar 2000). Randall Robinson, der zur Zeit eine Kampagne zugunsten einer Entschädigung von Afro-Amerikanern für die Sklaverei anführt, hob das »Schweigen« der US-Regierung zu diesem Diebstahl hervor, »gerade als Stuart Eizenstat, Unterstaatssekretär der Vereinigten Staa-

ten, darum bemüht war, 16 deutsche Firmen zu einer Entschädigung von Juden zu bewegen, die während der Nazizeit als Zwangsarbeiter eingesetzt worden waren«. (Randall Robinson, »Compensate the Forgotten Victims of America's Slavery Holocaust«, in der *Los Angeles Times* [11. Februar 2000]; vgl. Randall Robinson, *The Debt* [New York: 2000], 245.)

38 Philip Lentz, »Reparation Woes«, in *Crain's* (15.–21. November 1999). Michael Shapiro, »Lawyers in Swiss Bank Settlement Submit Bill, Outraging Jewish Groups«, in *Jewish Telegraphic Agency* (23. November 1999). Rebecca Spence, »Hearings on Legal Fees in Swiss Bank Case«, in *Forward* (26. November 1999). James Bone, »Holocaust Survivors Protest Over Legal Fee«, in der Londoner *Times* (1. Dezember 1999). Devlin Barrett, »Holocaust Assets«, in der *New York Post* (2. Dezember 1999). Stewart Ain, »Religious Strife Erupts In Swiss Money Fight«, in *Jewish Week* (14. Januar 2000) (»angeln«). Adam Dickter, »Discord in the Court«, in *Jewish Week* (21. Januar 2000). Swiss Fund for Needy Victims of the Holocaust/Shoa, »Overview on Finances, Payments and Pending Applications« (30. November 1999). Überlebende des Holocaust in Israel erhielten nie etwas von den für sie vorgesehenen Geldern aus dem Sonderfonds; siehe Yair Sheleg, »Surviving Israeli Bureaucracy«, in *Haaretz* (6. Februar 2000).

39 Burt Neuborne, »Totaling the Sum of Swiss Guilt«, in der *New York Times* (24. Juni 1998). Anhörung vor dem Ausschuß für Bankenwesen und Finanzdienstleistungen des Repräsentantenhauses, 11. Dezember 1996. »Holocaust-Konferenz in Stockholm«, in der *FAZ* (26. Januar 2000) (Bronfman).

40 Unabhängige Expertenkommission, Schweiz – Zweiter Weltkrieg, *Die Schweiz und Goldtransaktionen im Zweiten Weltkrieg, Zwischenbericht* (Bern: 1998).

41 Anhörung vor dem Ausschuß für Bankenwesen und Finanzdienstleistungen des Repräsentantenhauses, 11. De-

zember 1996. Der als Zeuge aufgerufene Historiker Gerhard L. Weinberg von der University of North Carolina bezeugte feierlich, daß »die schweizerischen Regierungen in jener Zeit und unmittelbar nach dem Zweiten Weltkrieg stets die Position einnahmen, daß Plündern legal sei«, und daß für die Schweizer Banken die »oberste Priorität« darin lag, »soviel Geld wie möglich zu machen…, und das ungeachtet der Rechtmäßigkeit, der Moral und des Anstands oder sonstiger Bedenken« (Anhörung vor dem Ausschuß für Bankenwesen und Finanzdienstleistungen des Repräsentantenhauses, 25. Juni 1997).

42 Raymond W. Baker, »The Biggest Loophole in the Free-Market System«, in *Washington Quarterly* (Herbst 1999). Ein großer Teil der 500 Milliarden bis 1 Billion Dollar aus dem Drogenhandel, die jedes Jahr »gewaschen« werden, wird ebenfalls »sicher in Banken der USA deponiert«, auch wenn das nicht mit den amerikanischen Gesetzen in Einklang steht.

43 Ziegler, *Die Schweiz,* 42; vgl. 294.

44 *Die Schweiz und Goldtransaktionen im Zweiten Weltkrieg,* IV, 48.

45 Unabhängiger Ausschuß, *Report on Dormant Accounts of Victims of Nazi Persecution in Swiss Banks* (*Bericht über nachrichtenlose Konten von Opfern der Naziverfolgung in Schweizer Banken*; Bern: 1999). (Im folgenden kurz *Bericht* genannt.)

46 Die »externen Kosten« der Buchprüfung wurden auf 200 Millionen Dollar beziffert. (*Bericht,* S. 4, Absatz 17) Die Kosten für die Schweizer Banken beliefen sich auf weitere 300 Millionen Dollar (Presseerklärung der Eidgenössischen Bankenkommission vom 6. Dezember 1999).

47 *Bericht,* Anhang 5, S. 81 Absatz 1 (vgl. Teil I, S. 13–15, Absätze 41–49).

48 *Bericht,* Teil I, S. 6, Absatz 22 (»kein Beweis«); Teil I, S. 6, Absatz 23 (Bankgesetze und Prozentsatz); Anhang 4, S. 58, Absatz 5 (»wirklich außergewöhnlich«) und Anhang 5, S. 81, Absatz 3 (»wirklich bemerkenswert«)

(vgl. Teil I, S. 15, Absatz 47, Teil I, S. 17, Absatz 58, Anhang 7, S. 107, Absätze 3, 9).

49 »The Deceptions of Swiss Banks«, in der *New York Times* (7. Dezember 1999).

50 *Bericht,* Anhang 5, S. 81, Absatz 2. *Bericht,* Anhang 5, S. 87–8, Absatz 27: »Für die beträchtlichen Lücken in den früheren Untersuchungen gibt es vielfältige Erklärungen, doch einige der Hauptgründe dürften darin liegen, daß Schweizer Banken eine enge Definition ›nachrichtenloser‹ Konten verwendeten, bestimmte Arten von Konten aus ihren Nachforschungen ausschlossen oder daß sie unzulänglich nachforschten, nicht nach Konten unterhalb bestimmter Summen suchten oder nicht in Betracht zogen, daß die Kontoinhaber Opfer der Gewalt oder der Verfolgung der Nazis waren, ehe nicht Verwandte entsprechende Ansprüche an die Bank stellten.«

51 *Bericht,* S. 10, Absatz 30 (»möglich oder wahrscheinlich«); S. 20, Absätze 73–75 (hinreichend große Wahrscheinlichkeit für 25 000 Konten); *Bericht,* Anhang 4, S. 65–67, Absätze 20–26, und S. 72, Absätze 40–43 (heutiger Wert). In Übereinstimmung mit dem *Bericht* willigte die Eidgenössische Bankenkommission im März 2000 ein, die 25 000 Kontenbezeichnungen zu veröffentlichen (»Die eidgenössische Bankenkommission folgt den Empfehlungen Volckers«, Presseerklärung vom 30. März 2000).

52 Anhörung vor dem Ausschuß für Bankenwesen und Finanzdienstleistungen des Repräsentantenhauses, 9. Februar 2000 (zitiert nach Volckers vorbereiteter Zeugenaussage). Zum Vergleich die von der Eidgenössischen Bankenkommission eingebrachten Einwendungen, daß »alle Hinweise auf den möglichen heutigen Wert der festgestellten Konten im Wesentlichen auf Annahmen und Hochrechnungen beruhen« und daß »nur bei etwa 1200 Konten ... tatsächliche Beweise [sic] gefunden wurden, die sich auf interne Bankunterlagen jener Zeit stützten, daß die Kontoinhaber wirklich Opfer des Holocaust waren« (Presseerklärung, 6. Dezember 1999).

53 *Bericht,* S. 2, Absatz 8 (vgl. S. 23, Absatz 92). *Bericht,* Anhang S, S. A-134; eine weitere Aufschlüsselung findet sich auf den Seiten A-135 ff.

54 Anhörung vor dem Ausschuß für Bankenwesen und Finanzdienstleistungen des Repräsentantenhauses, 25. Juni 1997 (zitiert nach dem Manuskript von Rubins vorbereiteter Aussage). (Weitere Hintergrundinformationen bei Seymour J. Rubin and Abba P. Schwartz, »Refugees and Reparations«, in *Law and Contemporary Problems* [Duke University School of Law: 1951], 286–9.)

55 Anhörung vor dem Ausschuß für Bankenwesen und Finanzdienstleistungen des Repräsentantenhauses, 25. Juni 1997.

56 In dem »relevanten Zeitabschnitt« von 1933–1945 hatte die Schweiz 4 Millionen Einwohner, während es in den USA 130 Millionen waren. Jedes Schweizer Bankkonto, das in diesen Jahren eröffnet oder aufgelöst bzw. nachrichtenlos wurde, wurde vom Volcker-Ausschuß geprüft.

57 Levin, *Last Deposit,* 23. Bower, *Das Gold,* 309. Bower hält diese Schweizer Forderung für eine »nicht beantwortbare rhetorische Frage«. Kein Zweifel, sie ist nicht beantwortbar. Aber wieso rhetorisch?

58 Rickman, *Swiss Banks,* 194–5.

59 Bower, *Das Gold,* 413. Akiva Eldar, »UK: Israel Didn't Hand Over Compensation to Survivors«, in *Haaretz* (21. Februar 2000). Judy Dempsey, »Jews Find It Hard to Reclaim Wartime Property in Israel«, in der *Financial Times* (1. April 2000). Jack Katzenell, »Israel Has WWII Assets«, in der *Associated Press* (13. April 2000). Joel Greenberg, »Hunt for Holocaust Victims' Property Turns in New Direction: Toward Israel«, in der *New York Times* (15. April 2000). Akiva Eldar, »People and Politics«, in *Haaretz* (27. April 2000).

60 Informationen über die Kommission finden sich bei *www.pcha.gov* (Bronfman wird nach einer Presseerklärung der Kommission vom 21. November 1999 zitiert).

61 Anhörung vor dem Ausschuß für Bankenwesen und

Finanzdienstleistungen des Repräsentantenhauses, 9. Februar 2000.

62 Levin, *Last Deposit,* 223, 204. »Swiss Defensive About WWII Role«, in der *Associated Press* (15. März 2000). *Time* (24. Februar 1997) (Bronfman).

63 Levin, *Last Deposit,* 224.

64 Anhörung vor dem Ausschuß für Bankenwesen und Finanzdienstleistungen des Repräsentantenhauses, 14. September 1999.

65 Yair Sheleg, »Not Even Minimum Wage«, in *Haaretz* (6. Oktober 1999). William Drozdiak, »Germans Up Offer to Nazi's Slave Laborers«, in der *Washington Post* (18. November 1999). Burt Herman, »Nazi Labor Talks End Without Pact«, in *Forward* (20. November 1999). »Bayer's Biggest Headache«, in der *New York Times* (5. Oktober 1999). Jan Cienski, »Wartime Slave-Labour Survivors' Ads Hit Back«, in der *National Post* (7. Oktober 1999). Edmund L. Andrews, »Germans To Set Up $5.1 Billion Fund For Nazi Slaves«, in der *New York Times* (15. Dezember 1999). Edmund L. Andrews, »Germany Accepts $5.1 Billion Accord to End Claims of Nazi Slave Workers«, in der *New York Times* (18. Dezember 1999). Allan Hall, »Slave Labour List Names 255 German Companies«, in *The Times* (London) (9. November 1999). Anhörung vor dem Ausschuß für Bankenwesen und Finanzdienstleistungen des Repräsentantenhauses, 9. Februar 2000 (zitiert nach Eizenstats schriftlich vorbereiteter Aussage).

66 Sagi, *Deutsche Wiedergutmachung,* 168. Vielleicht ein Viertel der jüdischen Zwangsarbeiter, darunter auch mein verstorbener Vater (Häftling in Auschwitz), erhielt eine solche Rente. In Wahrheit bezieht sich die von der Claims Conference in die laufenden Verhandlungen für noch lebende jüdische Zwangsarbeiter eingebrachte Zahl auf den Kreis jener Personen, die bereits Renten und Entschädigungen von Deutschland erhalten! (Deutscher Bundestag, 92. Sitzungsperiode, 15. März 2000.)

67 Zweig, *German Reparations and the Jewish World,* 98; vgl. 25.

68 Conference on Jewish Material Claims Against Germany (Konferenz für materielle Ansprüche von Juden gegenüber Deutschland), »Position Paper – Slave Labor. Proposed Remembrance and Responsability Fund« (15. Juni 1999). Netty C. Gross, »$5.1 Billion Slave Labor Deal Could Yield Little Cash For Jewish Claimants«, im *Jerusalem Report* (31. Januar 2000). Zvi Lavi, »Kleiner (Herut): Germany Claims Conference Has Become Judenrat, Carrying on Nazi Ways«, in *Globes* (24. Februar 2000). Yair Sheleg, »MK Kleiner: The Claims Conference Does Not Transfer Indemnifications to Shoah Survivors«, in *Haaretz* (24. Februar 2000).

69 Anhörung vor dem Ausschuß für Bankenwesen und Finanzdienstleistungen des Repräsentantenhauses, 9. Februar 2000. Yair Sheleg, »Staking a Claim to Jewish Claims«, in *Haaretz* (31. März 2000).

70 Henry Friedlander, »Darkness and Dawn in 1945: The Nazis, the Allies, and the Survivors«, in *US Holocaust Memorial Museum, 1945 – The Year of Liberation* (Washington: 1995), 11–35. Dinnerstein, *America and the Survivors of the Holocaust,* 28. Wie der israelische Historiker Shlomo Shafir schreibt, »variieren die Schätzungen über die Zahl der jüdischen Überlebenden am Ende des Krieges in Europa von 50 000 bis 70 000« (*Ambiguous Relations,* 384 Anm. 1). Friedlanders Gesamtzahl der überlebenden Zwangsarbeiter, ob Juden oder Nichtjuden, gilt als zuverlässig; siehe Benjamin Ferencz, *Lohn des Grauens* (Frankfurt-New York: 1981) – »als der Krieg zu Ende ging, waren weniger als eine halbe Million noch am Leben« [...]; »es war schwierig zu sagen, ob ... Insassen tot oder lebendig waren« (14; vgl. 259 Anm. 577).

71 Stuart Eizenstat, Unterstaatssekretär für wirtschaftliche, geschäftliche und landwirtschaftliche Angelegenheiten, US-Chefunterhändler bei den Verhandlungen über

Zwangsarbeiter in Deutschland, Besprechung im Außenministerium, 12. Mai 1999.

72 Siehe Eizenstats »Anmerkungen« beim Jahrestreffen der Conference of Jewish Material Claims Against Germany and Austria (New York: 14. Juli 1999).

73 Toby Axelrod, »$5.2 Billion Slave-Labor Deal Only the Start«, im *Jewish Bulletin* (12. Dezember 1999; mit einem Zitat der *Jewish Telegraphic Agency*).

74 Hilberg, *Die Vernichtung,* Anhang III, 881.

75 In einem Interview mit der *Berliner Zeitung* bezweifelte ich unter Verweis auf Friedlander die von der Claims Conference eingebrachte Zahl von 135 000. In ihrer Erwiderung stellte die Claims Conference knapp fest, daß die Zahl von 135 000 »auf den besten und vertrauenswürdigsten Quellen beruht und deshalb zutreffend ist«. Doch man hat nicht eine dieser angeblichen Quellen benannt (»Die Ausbeutung jüdischen Leidens«, in der *Berliner Zeitung* 29.–30. Januar 2000; »Gegendarstellung der Jewish Claims Conference«, in der *Berliner Zeitung* vom 1. Februar 2000). In ihrer Antwort auf meine Kritik in einem Interview mit dem *Tagesspiegel* behauptete die Claims Conference, daß etwa 700 000 jüdische Zwangsarbeiter den Krieg überlebt hätten, 350 000 bis 400 000 auf deutschem Reichsgebiet und 300 000 in Konzentrationslagern an anderen Orten. Dem Verlangen, wissenschaftliche Quellen anzugeben, verweigerte sich die Claims Conference mit Entrüstung. Es reicht wohl, wenn ich sage, daß diese Zahlen nichts mit den zu diesem Thema bekannten wissenschaftlichen Aussagen zu tun haben (Eva Schweitzer, »Entschädigung für Zwangsarbeiter«, im *Tagesspiegel* vom 6. März 2000).

76 »Nie zuvor in der Geschichte«, hat Hilberg angemerkt, »waren Menschen wie ›am Fließband‹ umgebracht worden« (*Die Vernichtung,* 585). Die einschlägige Abhandlung zu diesem Thema ist Zygmunt Baumans *Modernity of the Holocaust.*

77 Guttenplan, »Holocaust on Trial« (Hilberg). Conference

on Jewish Material Claims Against Germany, »Position Paper – Slave-Labor«, 15. Juni 1999.

78 »We Condemn Syria's Denial of the Holocaust«, in der *New York Times* (9. Februar 2000). Um »verstärkten Antisemitismus« in Europa zu belegen, verwies David Harris vom AJC auf die relativ deutliche Zustimmung zu der in einer Umfrage vorgestellten Behauptung: »Juden beuten das Andenken an die Vernichtung der Juden durch die Nazis für ihre eigenen Zwecke aus.« Außerdem führte er die »extrem negative Art« an, in der »einige deutsche Zeitungen ... während der letzten Verhandlungen über eine Entschädigung von Sklaven- und Zwangsarbeit ... über die Jewish Claims Conference berichteten. In zahlreichen Berichten wurden die Claims Conference selbst sowie die zumeist jüdischen Anwälte als gierig und eigennützig gezeichnet, und in den führenden Zeitungen folgte eine bizarre Diskussion, ob es so viele jüdische Überlebende gibt, wie die Claims Conference behauptet«. (Anhörung vor dem außenpolitischen Ausschuß des Senats, 5. April 2000) In Wahrheit fand ich es beinahe unmöglich, dieses Thema in Deutschland anzusprechen. Obwohl das Tabu schließlich von der liberalen *Berliner Zeitung* durchbrochen wurde, rief der von seinem Herausgeber Martin Süskind und dem US-Korrespondenten Stefan Elfenbein gezeigte Mut in den deutschen Medien nur ein schwaches Echo hervor, was zu einem großen Teil auf die juristischen Drohungen und die moralische Erpressung seitens der Claims Conference zurückzuführen war sowie auf die in Deutschland allgemein verbreitete Zurückhaltung, Juden offen zu kritisieren.

79 Anhörung vor dem Ausschuß für Bankenwesen und Finanzdienstleistungen des Repräsentantenhauses, 11. Dezember 1996. J. D. Bindenagel (Hrsg.), *Proceedings, Washington Conference on Holocaust-Era Assets: 30 November – 3 December 1998* (US Government Printing Office: Washington, DC), 700–1, 706.

80 Anhörung vor dem außenpolitischen Ausschuß des Reprä-

sentantenhauses, 6. August 1998. Bindenagel, *Washington Conference on Holocaust-Era Assets,* 433. Joan Gralia, »Poland Tries to Get Holocaust Lawsuit Dismissed«, *Reuters* (23. Dezember 1999). Eric J. Greenberg, »Polish Restitution Plan Slammed«, in der *Jewish Week* (14. Januar 2000). »Poland Limits WWII Compensation Plan«, im *Newsday* (6. Januar 2000).

81 *Theo Garb et. al. v. Republic of Poland* (United States District Court, Eastern District of New York, 18. Juni 1999). (Die Sammelklage wurde von Edward E. Klein und Mel Urbach eingebracht, letzterer ein Mitstreiter in den früheren Vergleichen mit der Schweiz und mit Deutschland. Einer am 2. März vorgelegten »geänderten Klage« schlossen sich weit mehr Anwälte an; in dieser fehlen jedoch einige der saftigeren Vorwürfe gegen die polnischen Nachkriegsregierungen.) »Dear Leads NYC Council in Call to Polish Government to Make Restitution to Victims of Holocaust Era Property Seizure«, in *News From Council Member Noach Dear* (29. November 1999). (Der zitierte Text stammt aus der Resolution, die am 23. November 1999 beschlossen wurde.) »[Anthony D.] Weiner Urges Polish Government To Repatriate Holocaust Claims«, US House of Representatives (Presseerklärung, 14. Oktober 1999). (Der zitierte Text stammt aus der Presseerklärung sowie dem Brief, der das Datum des 13. Oktober 1999 trägt.)

82 Anhörung vor dem Senatsausschuß für Bankenwesen, Wohnungsbau und Gemeindeangelegenheiten, 23. April 1996.

83 Anhörung vor dem außenpolitischen Ausschuß des Repräsentantenhauses, 6. August 1998.

84 Anhörung vor dem außenpolitischen Ausschuß des Repräsentantenhauses, 6. August 1998. Isabel Vincent, »Who Will Reap The Nazi-Era Reparations?« in *National Post* (20. Februar 1999).

85 Anhörung vor dem außenpolitischen Ausschuß des Repräsentantenhauses, 6. August 1998. Eizenstat, derzeit Hono-

rar-Vizepräsident des American Jewish Committee, war der erste Vorsitzende des AJC-Instituts für jüdisch-amerikanische Beziehungen mit Israel.

86 Anhörung vor dem außenpolitischen Ausschuß des Repräsentantenhauses, 6. August 1998. Marilyn Henry, »Whose Claim Is It Anyway?« in der *Jerusalem Post* (4. Juli 1997). Bindenagel, *Washington Conference on Holocaust-Era Assets,* 705. Leitartikel »Jewish Property Belongs to Jews«, in *Haaretz* (26. Oktober 1999).

87 Sergio Karas, »Unsettled Accounts«, in *Globe and Mail* (1. September 1998). Stuart Eizenstat, »Remarks«, Jahresversammlung der Conference on Jewish Material Claims Against Germany and Austria (New York: 14. Juli 1999). Tom Sawicki, »6,000 Witnesses«, im *Jerusalem Report* (5. Mai 1994).

88 Bindenagel, *Washington Conference on Holocaust-Era Assets,* 146. Michael Arnold, »Israeli Teens Frolic With Strippers After Auschwitz Visit«, im *Forward* (26. November 1999). Die aus Manhattan kommende Kongreßabgeordnete Carolyn Maloney informierte den Bankenausschuß des Repräsentantenhauses voller Stolz über eine von ihr eingebrachte Gesetzesvorlage, den Holocaust Education Act, die »über das Erziehungsministerium den Holocaust-Organisationen Zuwendungen für die Ausbildung von Lehrern gewährt und den Schulen und Gemeinden Material zur Verfügung stellt, um die Holocaust-Erziehung zu verbessern«. Als Vertreterin einer Stadt, deren öffentlichem Schulsystem es bekanntlich an Grundschullehrern und Lehrbüchern fehlt, hätte Frau Maloney für die knappen Mittel des Erziehungsministeriums vielleicht andere Prioritäten setzen sollen (Anhörung vor dem Ausschuß für Bankenwesen und Finanzdienstleistungen des Repräsentantenhauses, 9. Februar 2000).

89 Zweig, *German Reparations and the Jewish World,* 118. Goldmann war der Gründer des Jüdischen Weltkongresses und erster Präsident der Claims Conference.

90 Marilyn Henry, »International Holocaust Education Conference Begins«, in der *Jerusalem Post* (26. Januar 2000). Marilyn Henry, »PM: We Have No Moral Obligation to Refugees«, in der *Jerusalem Post* (27. Januar 2000). Marilyn Henry, »Holocaust ›Must Be Seared in Collective Memory‹«, in der *Jerusalem Post* (30. Januar 2000).

91 Claims Conference, *Guide to Compensation and Restitution of Holocaust Survivors* (New York, o. D.). Vincent, *Das Gold der verfolgten Juden,* 304 (»Enteignung«); vgl. 310–11. Ralf Eibl, »Die Jewish Claims Conference ringt um ihren Leumund. Nachkommen jüdischer Sklaven ...«, in der *Welt* (8. März 2000) (eingereichte Klagen). In den Vereinigten Staaten ist die Holocaust-Entschädigungsindustrie ein Tabuthema. Die Holocaust Website (www2.h-net.msu.edu) zum Beispiel sperrte kritische Zuschriften, selbst wenn diese umfassend mit Dokumenten belegt waren (persönlicher Schriftwechsel mit dem Vorstandsmitglied Richard S. Levy, 19.–21. November 1999). Zu dem Zitat vom »größten Raubzug in der Geschichte der Menschheit« vgl. S. 111.

92 Ilan Pappe, *The Making of the Arab-Israeli Conflict, 1947–51* (London: 1992), 268.

93 Clinton Bailey, »Holocaust Funds to Palestinians May Meet Some Cost of Compensation«, in der *International Herald Tribune*; nachgedruckt in der *Jordan Times* (20. Juni 1999).

94 Elli Wohlgelernter, »WJC: Austria Holding $10 b. In Holocaust Victims' Assets«, in der *Jerusalem Post* (14. März 2000). In seiner anschließenden Aussage vor dem Kongreß stellte Singer die gegen Österreich gerichteten unerwiesenen Behauptungen heraus, wahrte aber – bezeichnenderweise – diskretes Schweigen zu den Vorwürfen gegen die USA (Anhörung vor dem außenpolitischen Ausschuß des Senats der Vereinigten Staaten 6. April 2000).

Schlußbemerkung

1 Adam Hochschild, *King Leopold's Ghost* (Boston: 1998).
2 Wiesel, *Against Silence,* Bd. III, 190. Vgl. Bd. I, 186, Bd. II, 82, Bd. III, 242, sowie Wiesel, *Alle Flüsse,* 18.
3 Novick, *The Holocaust,* 230–1.
4 *New York Times* (25. Mai 1999).
5 Novick, *The Holocaust,* 15.
6 John Toland, *Adolf Hitler* (Bergisch Gladbach: 1977), 880. Joachim Fest, *Hitler* (Berlin: 1995), 306, 668. Siehe auch Finkelstein, *Image and Reality,* Kapitel 4.
7 Siehe zum Beispiel Stefan Kühl, *The Nazi Connection* (Oxford: 1994).
8 Siehe zum Beispiel Leon F. Litwack, *Trouble in Mind* (New York: 1998), bes. Kapitel 5–6. Die gepriesene Tradition des Westens ist auch tief in die Nazi-Ideologie eingewoben. Um die Ermordung der Behinderten – den Vorläufer der »Endlösung« – zu rechtfertigen, verwendeten die Nazi-Ärzte den Begriff vom »lebensunwerten Leben«. Im *Gorgias* schrieb Plato: »Ich kann nicht erkennen, daß das Leben lebenswert ist, wenn der Leib eines Menschen in einem schrecklichen Zustand ist.« In *Die Republik* billigte Plato die Tötung mißgebildeter Kinder. Vergleichbar wurde Hitlers Ablehnung der Geburtenkontrolle, die er in *Mein Kampf* mit der Begründung vertritt, sie greife der natürlichen Auslese vor, von Rousseau in seinem Diskurs über den Ursprung der Ungleichheit vorformuliert. Kurz nach dem Zweiten Weltkrieg überlegte Hannah Arendt, daß »der unterirdische Strom der Geschichte des Westens schließlich an die Oberfläche getreten ist und die Würde unserer Überlieferung verdrängt hat« (*Origins of Totalitarianism,* IX). [Im Vorwort der deutschen Version *Elemente und Ursprünge totaler Herrschaft* ist dieses Zitat nicht enthalten; Anm. d. Ü.]
9 Siehe zum Beispiel Edward Herman and Noam Chomsky, *The Political Economy of Human Rights,* Bd. I: *The*

Washington Connection and Third World Fascism (Boston: 1979), 129–204.
10 *Response* (März 1983 und Januar 1986).
11 Noam Chomsky, *Turning the Tide* (Boston: 1985), 36 (Wiesel wurde nach einem Interview in der hebräischen Presse zitiert). Berenbaum, *World Must Know,* 3.
12 Sander Thoenes, »Martial Law – Habibie's last card«, in *Financial Times* (8. September 1999).
13 Novick, *The Holocaust,* 255.
14 Siehe zum Beispiel Geoff Simons, *The Scourging of Iraq* (New York: 1998).
15 Novick, *The Holocaust,* 244, 14.
16 Zu diesem Punkt siehe bes. Chaumont, *La concurrence,* 316–318.
17 Siehe zum Beispiel Carl N. Degler, *In Search of Human Nature* (Oxford: 1991), 202 ff.
18 John Stuart Mill, *On the Subjection of Women* (Cambridge: 1991), 148.
19 Es ist nicht weniger abstoßend, die Massenvernichtung der Juden durch die Nazis, wie Berenbaum vorschlägt, nur dann als Vergleich heranzuziehen, wenn »die Behauptung der Einzigartigkeit« zu beweisen ist (*After Tragedy,* 29).
20 Zuckerman, *A Surplus of Memory,* 210.
21 Ich beziehe mich hier sowohl auf den sogenannten Historikerstreit als auch auf die veröffentlichte Korrespondenz zwischen Saul Friedländer und Martin Broszat. In beiden Fällen drehte sich die Debatte weitgehend darum, ob die Verbrechen der Nazis absoluten oder relativen Charakter hätten; als Beispiel kann die Zulässigkeit des Vergleichs mit dem Gulag dienen. Siehe Peter Baldwin (Hrsg.), *Reworking the Past,* Richard J. Evans, *Im Schatten Hitlers?* (Frankfurt: 1991), James Knowlton and Truett Cates, *Forever in the Shadow of Hitler?* (Atlantic Highlands, NJ: 1993) sowie Aharon Weiss (Hrsg.), Yad Vashem Studies XIX (Jerusalem: 1988).

Aktueller Nachtrag zur deutschen Ausgabe

1 Zu diesem und dem nächsten Abschnitt siehe Joan Gralla, »Holocaust Foundation Set for Restitution Funds«, Reuters (22. August 2000); Michael J. Jordan, »Spending Restitution Money Pits Survivors Against Groups«, Jewish Telegraphic Agency (29. August 2000); *NAHOS* (Zeitschrift der National Association of Jewish Child Holocaust Survivors) (1. September 2000 sowie 6. Oktober 2000); Marilyn Henry, »Proposed ›Foundation for Jewish People‹ Has No Cash«, in der *Jerusalem Post* (8. September 2000); Joan Gralla, »Battle Brews Over Holocaust Compensation«, Reuters (11. September 2000); Shlomo Shamir, »Government to Set Up New Fund for Holocaust Payments«, in *Haaretz* (12. September 2000); Yair Sheleg, »Burg Honored at Controversial NY Dinner«, in *Haaretz* (12. September 2000); E. J. Kessler, »Hillary the Holocaust Heroine?« in der *New York Post* (12. September 2000); Melissa Radler, »Survivors Get Most of Cash in Shoah Fund«, im *Forward* (17. September 2000); »The WJC Defends Event Panned by Commentary«, in der *Jewish Post* (20. September 2000).

2 »Remarks by The President During Bronfman Gala«, Büro des Pressesprechers, The White House. Verteilt durch das Büro für Internationale Informationsprogramme, US-Außenministerium (http://usinfo.state.gov).

3 Der Plan wurde von Judah Gribetz ausgearbeitet, dem früheren Präsidenten des Jewish Community Relations Council of New York und derzeitigen Mitglied des Vorstands des New Yorker Museum of Jewish Heritage – A Living Memorial to the Holocaust. Zum »Sonderbevollmächtigten« wurde er von Richter Edward Korman am New Yorker Eastern District Court ernannt, der den Vorsitz im Rechtsstreit der Sammelklage im Fall der Schweiz führte. Der vollständige Plan ist im Internet unter http://www.swissbankclaims.com veröffentlicht.

4 »Statement of Burt Neuborne«, im Anhang des *Gribetz-*

Plans. Als Chefberater hatte man Neuborne damit betraut, die »juristischen Theorien« auszuarbeiten, die von der Holocaust-Industrie im Rechtsstreit mit der Schweiz eingesetzt wurden.

5 Radler, »Survivors Get Most of Cash in Shoah Fund«.

6 Bezeichnenderweise hat Raul Hilberg, führende Autorität in Sachen Massenvernichtung der Juden durch die Nazis, ausdrücklich den Vorwurf geäußert, der Jüdische Weltkongreß habe die Schweizer erpreßt: »Es war das erste Mal in der Geschichte, daß Juden sich einer Waffe bedient haben, die man nur als Erpressung bezeichnen kann.« Burt Neuborne, der wegen der behaupteten Erpressung erkennbar beunruhigt war (»manche könnten versucht sein, legitime Zahlungen auf Grund einer Übereinkunft als Form von Erpressung zu betrachten«), forderte in einer Erklärung, die den Antrag zur Billigung der Übereinkunft mit der Schweiz unterstützen sollte, Richter Korman auf, dies zurückzuweisen, was der Richter pflichtschuldigst tat. (»Holocaust Expert Says Swiss Banks Are Paying Too Much«, *Deutsche Presse-Agentur,* 28. Januar 1999; »Declaration of Burt Neuborne«, *Esq.* (5. November 1999), Abs. 8; Edward R. Korman, »In re Holocaust Victim Assets Litigation« (United States District Court for Eastern District of New York: 26. Juli 2000), S. 23–4.

7 »In re Holocaust Victim Assets Litigation«, S. 19 (Korman).

8 Burt Neuborne, »Memorandum of Law Submitted by Plaintiffs in Response to Expert Submissions Filed By Legal Academics Retained By Defendants« (United States District Court for Eastern District of New York: 16. Juni 1997), S. 68 (siehe auch S. 62–64). Im folgenden: *Neuborne-Gutachten.*

9 Zur Nicht-Rückzahlbarkeit des Endabkommens siehe *Gribetz-Plan,* S. 12, Anm. 18: »Es sollte festgehalten werden, daß kein Anteil des Vergleichsbetrages von 1,25 Milliarden Dollar an die beklagten Banken oder andere schweizerische Einrichtungen zurückfließen wird.«

10 *Gribetz-Plan,* S. 11 (»entscheidende Bedeutung«), 13–14, 93, 101–4.

11 *Neuborne-Gutachten,* S. 3, 6–7, 11–12, 28–31, 34–5, 43, 47–8. In dem Gutachten wird eingeräumt, daß die Schweizer Banken nur dann juristisch zu belangen seien, wenn sie »wissentlich« von der unrechtmäßig erworbenen Bereicherung der Nazis profitiert hätten: »Wenn man unterstellt, daß die beklagten Banken keine Kenntnis davon hatten, würden die Handlungen der Beklagten keinen Anlaß für Ansprüche auf entsprechende Herausgabe unrechtmäßiger Profite darstellen« (S. 34).

12 *Gribetz-Plan,* S. 23, 29, 113–14, 118 Anm. 345, 128–9 Anm. 371, 145–8, Anhang G (»The Looted Assets Class«), S. G-3, G-43, G-57, Anhang H (»Slave Labor Class I«), s. H-52, H-57–8.

13 *Gribetz-Plan,* Anhang J (»The Refugee Class«, S. J-26 Anm. 85). Ebenfalls in einer Fußnote versteckt, erfahren wir, daß laut Seymour J. Rubin, einer führenden Autorität auf diesem Gebiet, »die Schweiz im Verhältnis zu ihrer Bevölkerungszahl weit mehr Flüchtlinge aufnahm als jedes andere Land. Das steht im Gegensatz zu den Vereinigten Staaten, die nicht nur den verzweifelten Flüchtlingen der St. Louis die Einreise verweigerten, sondern auch systematisch vermieden, die ohnehin schon begrenzten verfügbaren Einwanderungsquoten auszuschöpfen« (S. J-5). In einem Brief an die Zeitschrift Nation stellte Burt Neuborne fest, daß Flüchtlinge, denen während des Zweiten Weltkriegs die Einreise in die Schweiz verweigert worden war, heute Entschädigungen erhielten, und bedauerte: »Ich wünschte nur, man könnte den Vereinigten Staaten eine ähnliche Sanktion auferlegen, da sie sich in gleicher Weise geweigert haben, Menschen auf ihrer verzweifelten Flucht vor der Naziverfolgung aufzunehmen« (5. Oktober 2000). Einmal abgesehen von Heuchelei und Feigheit: Was hinderte den Chefberater der Holocaust-Industrie daran, diesen Anspruch durchzusetzen?

14 *Gribetz-Plan,* S. 89. Das Zitat ist dem Gerichtsbeschluß

von Richter Korman entnommen, mit dem die Vergleichsvereinbarung endgültig gebilligt wurde.

15 *Gribetz-Plan,* Anhang C (»Demographics of ›Victim or Target‹ Groups«), S. C-13.

16 *Gribetz-Plan,* S. 135–6.

17 *Gribetz-Plan,* Anhang C, S. C-12, Anhang F (»Social Safety Nets«), S. F-15.

18 Ukeles Associates Inc., Paper #3 (revised), *Projection of the Population of Victims of Nazi Persecution,* 2000–2040 (31. Mai 2000).

19 *Gribetz-Plan,* S. 9, Anhang C, S. C-8, Anhang E (»Holocaust Compensation«) S. E-89 und E-90, Anm. 282. Die Zahl von 250 000 wurde zugrundegelegt, als man die Gelder des »Sonderfonds für bedürftige Überlebende des Holocaust« verteilte, den die Schweizer im Februar 1997 eingerichtet hatten.

20 *Gribetz-Plan,* Anhang C, S. C-7, Tabelle 3. In dem Plan wird in einer Fußnote eingeräumt, daß es »in der früheren Sowjetunion relativ wenige Überlebende der Konzentrationslager, Ghettos oder Arbeitslager gibt« (Anhang E, S. E-56, Anm. 150).

21 *Gribetz-Plan,* S. 122–3, 125, Anhang E, S. E-138, Anhang F, S. F-4, Anm. 13.

22 *Gribetz-Plan,* Anhang E; S. E-56.

23 Steve Paulsson, »Re: Survivor Article«, eingegangen bei http://H-Holocaust@N-Net.MSU.EDU (28. September 2000).

24 *Gribetz-Plan,* S. 135. Man beachte, daß im *Gribetz-Plan* auch die Zahl der Holocaust-Überlebenden im eigentlichen Sinn eine radikale Aufstockung erfährt. Dort wird festgestellt, daß etwa 170 000 ehemalige jüdische Sklavenarbeiter derzeit von Deutschland eine Rente beziehen (*Gribetz-Plan,* Anhang H, »Slave Labor Class I«, S. H-5–6). Man schätzt, daß nur einer von vier ehemaligen jüdischen Zwangsarbeitern eine Rente aus Deutschland erhält. Damit beliefe sich die Zahl der heute noch lebenden jüdischen Sklavenarbeiter auf annähernd 700 000,

und die Zahl der zu Kriegsende noch lebenden jüdischen Zwangsarbeiter hätte bei 2800000 gelegen. Die Wissenschaft geht üblicherweise davon aus, daß bei Kriegsende ungefähr 100000 jüdische Zwangsarbeiter am Leben waren, von denen heute vielleicht noch einige Zehntausend leben.

25 *Gribetz-Plan*, S. 7, 25–7, 83–4, 118–19, 138–9, 149, 154 sowie »Summary of Major Holocaust Compensation Programs«. Neben dem vorher Gesagten rechtfertigt der Plan diese Aufteilung in tautologischer Weise »mit derzeitigen demographischen Daten, da jüdische Opfer mittlerweile den überwiegenden Anteil der überlebenden ›Opfer oder Ziele der Naziverfolgung‹ stellen, wie sie in der Vergleichsvereinbarung definiert wurden« (S. 119). Juden stellen nur deshalb den »überwiegenden Anteil«, weil die Kategorie »Opfer oder Ziele … « in diesem Sinn definiert wurde.

26 *Gribetz-Plan*, S. 15. Auf den Seiten 98–9 wird dieselbe Aussage wörtlich wiederholt.

27 Der Volcker-Ausschuß empfahl, die Bezeichnungen von etwa 25000 Konten zu veröffentlichen, bei denen die größte Wahrscheinlichkeit bestand, daß sie im Zusammenhang mit Opfern der Naziverfolgung stehen könnten. Der »angemessene heutige Gesamtwert« von 10000 dieser Konten, zu denen einige Informationen vorliegen, beläuft sich auf etwa 150–230 Millionen Dollar. Wenn man diese Schätzungen auf die gesamten 25000 Konten hochrechnet, ergibt das 375–575 Millionen Dollar. Nach den Erfahrungen zu urteilen, die man bei den vorhergehenden Verfahren des Tribunals zur Klärung von Ansprüchen gemacht hat, werden nur bei der Hälfte der 25000 Konten berechtigte Ansprüche gestellt werden, und die Hälfte der Gelder auf diesen Konten ergibt einen Wert von 188 bis 288 Millionen Dollar. Überdies enthält die Liste der 25000 jedoch zum überwiegenden Teil nicht nachrichtenlose, sondern geschlossene Konten, deren Bezeichnungen zu Holocaust-Opfern passen. Der Volcker-

Ausschuß kam zu dem Schluß, daß es »keinen Beweis ... für abgestimmte Bemühungen gibt, die Vermögen von Opfern der Naziverfolgung für ungerechtfertigte Zwecke abzuzweigen«. Dementsprechend läßt sich sicher annehmen, daß fast alle geschlossenen Konten ordnungsgemäß von den eigentlichen Kontoinhabern, ihren Erben oder von legitimen und glaubhaften Bevollmächtigten geschlossen wurden und daß das Tribunal nur wenige Ansprüche auf jene geschlossenen Konten anerkennen wird. Der gesamte Betrag der berechtigten Ansprüche auf die 25 000 Konten wird demnach wahrscheinlich noch einiges unter den geschätzten 188–288 Millionen Dollar liegen, bei denen unterstellt war, daß alle Konten nachrichtenlos und Ansprüche auf die Hälfte von ihnen legitim seien (*Gribetz-Plan,* S. 94, Anm. 298, 96–7, 105–6, Anm. 326; Unabhängiger Ausschuß herausragender Persönlichkeiten [Volcker-Ausschuß], Report on Dormant Accounts of Victims of Nazi Persecution in Swiss Banks [Bern, 1999], S. 13, Abschnitt 41[a]).

28 *Gribetz-Plan,* S. 12, 19–20. Auf S. 12 wird dort festgestellt, daß die »verbleibenden Beträge der Gelder aus dem Vergleich unter die anderen ... Kategorien des Abkommens aufzuteilen sind – zum Beispiel ›geraubte Besitztümer‹, ›Flüchtlinge‹ und ›Zwangsarbeiter‹«. Wie im folgenden gezeigt wird, werden die für die Kategorie »geraubte Besitztümer« vorgesehenen Gelder nicht direkt an Überlebende des Holocaust ausbezahlt, sondern an jüdische Organisationen, die mit Holocaust-Projekten zu tun haben. Auf den Seiten 19–20 stellt der Plan außerdem fest, daß »es auch möglich sein kann, einen Teil der verbleibenden Gelder aus dem Abkommen für einige der vorgeschlagenen Projekte im kulturellen oder erzieherischen Bereich oder für Zwecke des Andenkens zu verwenden, die dem Sonderbevollmächtigten unterbreitet wurden«.

29 Der Plan bestimmt näher, daß die Verteilung der von den 800 Millionen Dollar verbleibenden Gelder erst beginnen kann, wenn alle Ansprüche auf die 25 000 Konten bearbei-

tet sind. Das Tribunal hat volle drei Jahre gebraucht, um 10 000 Ansprüche gegen eine vorhergehende separate Liste von 5600 Schweizer Konten zu bearbeiten. Im *Plan* ist davon die Rede, daß bezüglich der Liste der 25 000 wahrscheinlich weit mehr als 80 000 Ansprüche gestellt werden. Zudem ist im *Plan* vorgesehen, daß alle Ansprüche nicht nur hinsichtlich der veröffentlichten Liste der 25 000 Konten geprüft werden, sondern auch im Blick auf Millionen anderer Schweizer Konten, die in keiner ersichtlichen Beziehung zu Holocaust-Opfern stehen. Selbst wenn das Tribunal also reibungslos arbeiten sollte, dürften sicherlich Jahre vergehen, bis alles abgeschlossen ist (*Gribetz-Plan,* S. 91, 94, Anm. 299, 105–6, Anm. 126). Wenn man von den Holocaust-Opfern absieht, die über nachrichtenlose Konten verfügen, trifft der Plan nur vage und eingeschränkte Vorkehrungen für Erben (S. 18–19 und Anhang D [»Erben«]).

30 *Gribetz-Plan,* S. 16–17.

31 *Gribetz-Plan,* S. 25–6, 120–1, 119–38.

32 *Gribetz-Plan,* S. 18, 27, 116, Anhang C, S. C-10, Anlage 3 zu Anhang C, S. 1. (Die »ursprünglichen Fragebögen« wurden an »Opfer und Ziele der Naziverfolgung« ausgegeben, nachdem Richter Korman den Vergleich mit der Schweiz gebilligt hatte.) Raul Hilberg, der als Kind mit seinen Eltern aus Österreich geflohen war, mißbilligte die übertriebenen Forderungen der Holocaust-Industrie gegen die Schweizer Banken; in einem kürzlich erschienenen Interview erinnerte er sich: »In den dreißiger Jahren waren die Juden arm. Meine Familie gehörte der Mittelklasse an, doch wir hatten kein Bankkonto in Österreich, geschweige denn in der Schweiz« (Berliner Zeitung, 4. September 2000).

33 *Gribetz-Plan,* S. 29–31, 154–6.

34 *Gribetz-Plan,* S. 35–9, 172–5.

PIPER

Die Finkelstein-Debatte

Herausgegeben von Petra Steinberger.
Ca. 160 Seiten. Kartoniert. Erscheint vorauss. März 2001

Norman Finkelstein hat mit seinem Buch »Die Holocaust-Industrie« eine beispiellose Debatte ausgelöst. Politiker meldeten sich zu Wort, die das Buch verbieten lassen wollten, jüdische Organisationen nahmen Stellung, Historiker diskutierten es ausgiebig. Petra Steinberger (Süddeutsche Zeitung), die diese Debatte von Anfang an publizistisch begleitet hat, hat alle wichtigen Beiträge in einem Buch versammelt, um diese wichtige Kontroverse der Öffentlichkeit zugänglich zu machen. Der Band enthält neben Beiträgen von Finkelstein selbst Texte von Raul Hilberg, Marcia Pally, Peter Longerich, Lorenz Jäger, Leon de Winter, Rafael Seligmann, Charles Maier. Die Diskussionen, die Finkelstein in Deutschland mit seinen Kritikern führt, werden ebenfalls enthalten sein.

PIPER

Gerald Messadié
Verfolgt und auserwählt

Die lange Geschichte des Antisemitismus.
Aus dem Französischen von Bertold Galli. 447 Seiten. Geb.

Die Judenfeindschaft hat viele Gesichter – entsprechend schwierig ist es, eine Gesamtdarstellung zu verfassen. Gerald Messadié sieht den Antisemitismus als Einheit über die Jahrhunderte hinweg. Er fängt seine große Schilderung an mit dem Blick auf die Rolle der Juden in der antiken Welt. Den Hauptteil bildet der christliche Antijudaismus, der seit der Wandlung des Juden Saulus zum Christen Paulus zweitausend Jahre lang bestehen sollte. Im 19. Jahrhundert beginnt die mörderische Variante: Der nationalistisch-rassistische Antisemitismus der seinen Höhepunkt, aber nicht Abschluß, in Auschwitz finden sollte. Messadié, als Bestsellerautor von historischen Romanen wie Sachbüchern gleichermaßen ausgewiesen, ist es gelungen, die großen Zusammenhänge deutlich zu machen.

»Ein mit Leidenschaft geschriebenes Buch.«
derniere heure, Brüssel

Hannah Arendt

Vor Antisemitismus ist man nur noch auf dem Monde sicher

Beiträge für die deutsch-jüdische Emigrantenzeitung »Aufbau« 1941–1945. Herausgegeben von Marie Luise Knott.
245 Seiten. Geb.

»Wir können den Antisemitismus nur bekämpfen, wenn wir mit der Waffe in der Hand gegen Hitler kämpfen.« Dieser Satz von Hannah Arendt macht deutlich, daß die junge Philosophin im Krieg Stellung beziehen wollte. Sie war 1941 aus Frankreich in die USA geflohen. Bald schrieb sie regelmäßig für den »Aufbau«. Diese in New York erscheinende Zeitung des »German Jewish Club« war das Forum der deutschsprachigen Juden in der »freien« Welt. Und für Hannah Arendt wurde der »Aufbau« die zentrale Verbindung zum Weltgeschehen. Arendts »Aufbau«-Beiträge aus den Jahren 1941 bis 1945 erscheinen hier erstmals gesammelt in Buchform in einer kommentierten Ausgabe. Die Texte sind zugleich ein erstes Ergebnis von Hannah Arendts politischem Handeln und der eigentliche Anfang ihres Werkes als politische Theoretikerin.